Max Stone

O Livro de Metatron
O Anjo da Presença
2ª Edição

Copyright © Luiz Santos 2024
Todos os direitos reservados.
Nenhuma parte deste livro pode ser reproduzida sob quaisquer meios existentes sem a autorização por escrito do detentor do direito autoral.
Este livro é uma obra de ficção. Os personagens e os diálogos foram criados a partir da imaginação do autor não sendo baseados em fatos reais.
Qualquer semelhança com acontecimentos ou pessoas, vivas ou não é mera coincidência.

Revisão
Virginia Moreira dos Santos
Projeto gráfico e diagramação
Arthur Mendes da Costa
Capa
Anderson Casagrande Neto
Pseudônimo Utilizado Pelo Autor:
Max Stone

Dados Internacionais de Catalogação na Publicação
Santos, Luiz Antonio dos
O Livro de Metatron / Luiz Antonio Dos Santos.

Holístico

Sumário

Capítulo 1 Origem Divina 6
Capítulo 2 A Voz de Deus 17
Capítulo 3 Guardião do Conhecimento 27
Capítulo 4 O Intermediário 38
Capítulo 5 Milagres Atribuídos 48
Capítulo 6 O Culto a Metatron 58
Capítulo 7 Práticas Espirituais 68
Capítulo 8 A Proteção de Metatron 78
Capítulo 9 Metatron e a Cura 86
Capítulo 10 Iluminação Espiritual 93
Capítulo 11 Ensinamentos Espirituais 101
Capítulo 12 Dimensões 108
Capítulo 13 O Arcanjo e a Humanidade 115
Capítulo 14 Os Ensinamentos de Metatron 123
Capítulo 15 Ciências Esotéricas 130
Capítulo 16 Desafios Contemporâneos 137
Capítulo 17 O Legado Eterno de Metatron 145
Capítulo 18 Técnicas de Comunicação 152
Capítulo 19 Orações e Rituais 164
Epílogo 174

Prólogo

Nas profundezas do tempo e no âmago do divino, existe uma entidade cuja luz irradia sabedoria e poder. Conhecido como Metatron, o arcanjo que ocupa "o trono ao lado do trono divino", ele transcende as esferas celestiais, servindo como intermediário entre o Criador e a criação. Sua presença é um testemunho da proximidade entre o humano e o divino, um farol de esperança e luz para todos os que buscam elevar suas almas.

Este livro, "O Livro de Metatron", é mais do que uma obra literária; é uma jornada de transformação, onde a história e a espiritualidade se entrelaçam para revelar o propósito supremo deste arcanjo magnífico. Cada capítulo desvela camadas de conhecimento oculto, mergulhando na origem do profeta Enoque, sua ascensão ao status celestial e sua metamorfose no arcanjo Metatron. Aqui, exploramos o guardião dos segredos divinos, a voz de Deus e o guia das almas, que, com compaixão infinita, oferece cura, proteção e sabedoria àqueles que buscam compreender o propósito maior de suas vidas.

Convidamos você, leitor, a mergulhar nas páginas deste livro e deixar-se inspirar pela presença de

Metatron. Que suas histórias e ensinamentos transcendentais iluminem sua jornada espiritual, guiando-o através dos desafios da vida e revelando o poder transformador da fé. Seja na busca pelo conhecimento celestial ou na procura por paz interior, Metatron estende suas asas sobre você, oferecendo proteção, cura e uma visão clara do caminho para a iluminação.

Abra sua mente, abra seu coração e permita que Metatron lhe revele os mistérios do universo. Este é mais do que um livro — é um chamado à transcendência.

Bem-vindo ao reino de Metatron.

Capítulo 1
Origem Divina

Num reino além do alcance das estrelas e mais antigo que o próprio tempo, existe uma entidade cuja existência é tanto um mistério quanto um milagre. Conhecido como Metatron, este arcanjo ocupa uma posição única no coro celestial, servindo de ponte entre o Criador e a criação. Sua história é rica, criada com fios de fé, poder e sabedoria eterna. Sua origem, embora envolta em enigma, é frequentemente discutida nas escrituras sagradas e nos textos esotéricos, oferecendo vislumbres de sua ascensão ao status celestial.

Metatron é frequentemente identificado como o mais poderoso dos arcanjos, um ser cujo nome significa "Aquele que ocupa o trono ao lado do trono divino". Sua presença é sinônimo de poder e proximidade divina, características que o tornam uma figura de imenso respeito e reverência nas tradições judaico-cristãs. Conta-se que ele foi elevado de sua forma mortal - alguns dizem que ele foi o profeta Enoque, transformado e levado aos céus para servir ao lado de Deus após uma vida de fidelidade e virtude.

A transformação de Enoque em Metatron é uma história de transcendência e recompensa divina. Segundo os textos apócrifos, como o Livro de Enoque, Deus ficou tão impressionado com sua integridade e a piedade que decidiu levá-lo ao o céu. Lá, ele foi transformado em um ser angélico, dotado de sabedoria e poderes além da compreensão humana. Esta transição não é apenas um testemunho do amor e da misericórdia de Deus, mas também um sinal eterno do que é possível aos que são verdadeiramente devotos.

Como arcanjo, Metatron tem várias responsabilidades. Uma de suas funções mais importantes é a de escriba celestial, onde registra todas as ações e eventos do universo. Diz-se que possui um conhecimento profundo das leis divinas e do funcionamento interno da criação, conhecimento esse registrado no "Livro da Vida", uma compilação celeste de todas as almas e seus feitos.

Além de seu papel como escriba, atua como um conselheiro para os outros seres celestiais e como intercessor para os humanos em oração. Sua capacidade de mediar entre o céu e a terra é uma das razões pelas quais ele é tão venerado. Ele é visto como um guia espiritual, alguém que pode oferecer sabedoria e orientação, tanto em momentos de necessidade quanto em questões de desenvolvimento espiritual.

As histórias sobre este arcanjo também destaca sua proximidade com o trono divino. Ele é frequentemente descrito como estando à direita de Deus, uma posição que simboliza sua importância e sua proximidade com o poder supremo. Esta posição privilegiada faz de Metatron um dos poucos seres que podem suportar a presença imediata de Deus sem ser consumido, ele é uma testemunha direta da onipotência divina.

A origem de Metatron e seu papel no cosmos são temas de grande fascínio e profundo respeito. Sua história é um lembrete do amor divino e da recompensa que espera aqueles que são fiéis. Como o arcanjo que serve de ponte entre Deus e os homens, permanece um símbolo poderoso de intercessão e autoridade celestial, um farol de esperança e proteção para todos os que buscam a luz divina.

Nas crenças espirituais, poucas figuras são tão envoltas em mistério e majestade quanto Metatron. Este arcanjo não só serve como o escriba de Deus, mas também como uma fonte inesgotável de sabedoria celestial. A profundidade de seu conhecimento é tão vasta que até mesmo os outros seres celestiais frequentemente buscam seu conselho em assuntos de grande importância. É através dessas interações que Metatron exemplifica sua natureza como intermediário, não apenas entre Deus e os homens, mas também entre as várias ordens de anjos.

Um dos aspectos mais intrigantes é sua associação com o misticismo. Em particular, a tradição cabalística o retrata como o anjo que guia os mortais através das esferas celestiais, oferecendo iluminação e entendimento espiritual. A Cabala, uma escola de pensamento esotérico judaico, descreve Metatron como aquele que ocupa o topo da Árvore da Vida, um símbolo que representa todos os aspectos da existência. Sua posição nesta hierarquia espiritual é um testemunho de seu papel como facilitador do entendimento divino e como ponte para a compreensão mais profunda da criação e do propósito humano.

Metatron é também descrito como o guardião do equilíbrio cósmico. É frequentemente associado ao equilíbrio entre misericórdia e julgamento, um tema recorrente nas teologias que buscam explicar a natureza dualística de Deus. Nesse papel, não apenas transmite a vontade divina, mas também assegura que todas as ações e eventos no universo sejam registrados e julgados segundo as leis eternas estabelecidas pelo Criador.

Além de suas funções espirituais e administrativas, o arcanjo é venerado por sua acessibilidade aos devotos. Diferente de outros arcanjos, cujas presenças podem ser mais distantes ou envoltas em formalidade celestial, é visto como um mentor acessível, um guia que entende as tribulações humanas e oferece conselho e conforto. Essa característica faz dele uma figura central em muitas práticas devocionais, onde os fiéis buscam sua intercessão para questões pessoais e espirituais.

O culto a Metatron, embora não tão prevalente quanto o de outros arcanjos como Miguel ou Gabriel, possui uma riqueza própria, especialmente entre aqueles que se aprofundam nos estudos místicos. Ele é frequentemente invocado em rituais que buscam purificação espiritual ou proteção contra forças malignas. Essas práticas geralmente envolvem invocações elaboradas, que fazem uso de sigilos e nomes sagrados para chamar a atenção do arcanjo e ganhar seu favor.

Para aqueles que estudam os textos sagrados, sua figura oferece um elo direto com o divino. Ele é o arauto que anuncia as verdades ocultas, revelando-as aos merecedores e ocultando-as daqueles que ainda não estão prontos para receber tais revelações. Seu papel como guardião do conhecimento sagrado é talvez um dos seus aspectos mais importantes, pois através de seu intermédio, o conhecimento sobre as leis divinas e o universo é mantido vivo e transmitido de geração em geração.

Essa reverência por Metatron é amplamente refletida na literatura espiritual, onde ele é frequentemente citado como um exemplo de virtude celestial e compromisso divino. Seu legado é um testemunho do poder da fé e do eterno desejo humano de se conectar com o sagrado. Através dele, os fiéis encontram não apenas um guia, mas um guardião da verdade espiritual, cuja influência transcende as barreiras entre o céu e a terra.

Ao explorar ainda mais o vasto papel de Metatron no cosmos, descobrimos sua intrínseca ligação com os momentos críticos da história humana. Considerado o "olho de Deus", ele é muitas vezes retratado como testemunha das ações humanas, desde os mais singelos atos de bondade até os episódios mais tumultuados de transgressão. Seu papel como testemunha e registrador celeste implica uma omnipresença quase inimaginável, estando presente em todos os lugares e momentos em que o divino escolhe intervir ou observar.

Uma das narrativas mais fascinantes sobre Metatron é sua participação na entrega dos Dez Mandamentos a Moisés no Monte Sinai. Conta-se que Metatron serviu como intermediário, ajudando a facilitar a comunicação entre Deus e Moisés. Esta história ilustra vividamente seu papel como mensageiro divino, uma ponte entre o celestial e o terreno, capaz de trazer a palavra de Deus para a humanidade de uma maneira que pudesse ser compreendida e seguida.

Metatron é também associado à Árvore da Vida, um símbolo cabalístico que representa as dez esferas (sefirot) do conhecimento e da existência. Ele é frequentemente visto como o guardião deste sagrado conhecimento, orientando os estudiosos e místicos em suas jornadas espirituais através das complexidades da Cabala. Através de seu guia, aqueles que buscam a verdade espiritual podem navegar pelas diversas camadas de entendimento e iluminação.

Além de sua posição como uma entidade de sabedoria e conhecimento, é venerado por sua capacidade de compreender e mediar as emoções humanas. Ele é visto como um consolador dos aflitos, oferecendo esperança e orientação para aqueles que enfrentam desafios espirituais ou terrenos. Suas intervenções são descritas como momentos de profunda transformação, onde os crentes sentem uma renovação de fé e um fortalecimento de seus laços com o divino.

Sua influência também é encontrada em diversas culturas e crenças, adaptando-se às necessidades espirituais de diferentes épocas e povos. Em algumas tradições, ele é considerado o anjo da morte, guiando as almas dos falecidos para o além. Em outras, ele é um guerreiro celestial, lutando contra as forças do mal para manter a ordem e a paz no universo. Esta versatilidade em seus papéis destaca sua importância como uma figura central na teologia angélica e sua capacidade de servir a Deus em várias capacidades.

Seu relacionamento com outros anjos é também de grande interesse. Ele é frequentemente visto colaborando e liderando legiões de anjos em várias tarefas e missões celestiais. Através de suas interações com outros seres celestiais, ele não apenas executa os desígnios de Deus, mas também ajuda a manter a harmonia e a ordem entre as hostes angélicas.

A presença de Metatron na vida dos fiéis é um lembrete constante do amor e do cuidado de Deus. Suas aparições e intervenções são vistas como sinais divinos, momentos em que o céu toca a terra. Para aqueles que dedicam suas vidas ao estudo e à veneração deste poderoso arcanjo, ele é um mentor, um protetor e, acima de tudo, um elo permanente com o divino.

Aprofundando-nos nos aspectos místicos da existência de Metatron, encontramos o seu papel significativo nas escrituras sagradas. Um dos textos mais profundos associados a Metatron é o "Sefer Ha-Razim", ou o Livro dos Mistérios, que supostamente contém os segredos do universo revelados a ele diretamente por Deus. Este livro serve como um guia para aqueles que procuram compreender os significados mais profundos e esotéricos da existência e fornece uma estrutura para práticas místicas e exploração espiritual.

A associação de Metatron com o Livro dos Misteriosos ressalta seu papel como educador na sabedoria divina. Acredita-se que através deste texto, ele ensina às almas merecedoras sobre a estrutura do cosmos, a dinâmica da criação e os caminhos para a iluminação espiritual. Seus ensinamentos não se destinam ao buscador casual; em vez disso, são reservados para aqueles que provaram a sua devoção e estão preparados para ascender a níveis mais elevados de compreensão espiritual.

As tradições místicas também destacam seu papel no próprio processo de criação divina. De acordo com estes ensinamentos, Metatron esteve envolvido na formação do universo, agindo sob a direção de Deus. Ele às vezes é chamado de "YHVH Menor", título que denota um reflexo da própria essência de Deus, imbuído do poder de participar do ato da criação. Este aspecto de sua identidade acrescenta uma camada de complexidade ao seu personagem, retratando-o não apenas como um mensageiro ou intercessor, mas também como um co-criador, moldando a própria estrutura da realidade ao lado do Todo-Poderoso.

Nos círculos espirituais, Metatron é frequentemente invocado durante práticas meditativas e ritualísticas que visam a transformação pessoal e a obtenção de uma consciência superior. Os praticantes acreditam que, ao conectarem-se com o arcanjo, podem acessar as energias divinas necessárias para o crescimento pessoal e a iluminação. Sua orientação é buscada na elaboração de amuletos de proteção, na realização de rituais de limpeza e na busca de visões proféticas. Os rituais associados frequentemente envolvem orações específicas, cantos e o uso de geometria sagrada, que se acredita ressoarem com sua essência e facilitarem uma conexão mais profunda com o divino.

A influência de Metatron estende-se além do reino espiritual; a sua presença também se faz sentir nos aspectos mais práticos da existência. Ele é considerado um patrono das diversas transições da vida, supervisionando momentos de mudanças significativas como nascimento, casamento e até morte. Em cada uma dessas fases, ele oferece sua orientação e proteção, garantindo que aqueles sob sua supervisão estejam protegidos de danos espirituais e alinhados com seu propósito superior.

Além disso, diz-se que seu alcance inclui a supervisão de outros seres celestiais. As lendas falam de seu papel na educação de jovens anjos e na transmissão de sabedoria às hostes celestiais. Este aspecto educativo de sua missão é vital, pois garante que o conhecimento e os comandos divinos sejam transmitidos com precisão por toda a hierarquia celestial, mantendo a ordem e a harmonia nos céus.

Dos seus ensinamentos místicos ao seu envolvimento na criação divina, da sua orientação nos assuntos humanos à supervisão dos seres celestiais, Metatron incorpora as formas multifacetadas pelas quais o divino interage com o cosmos. A sua história não é apenas sobre poder e proximidade com o divino, mas também sobre responsabilidade e serviço, marcando-o como uma figura verdadeiramente extraordinária no panteão das entidades celestes.

Ele não é apenas um arcanjo que intercede junto a Deus em favor da humanidade, mas também um símbolo de esperança e de conexão espiritual. Aqueles que o veneram acreditam firmemente que Metatron tem a capacidade de abrir caminhos para uma compreensão mais profunda do universo e de facilitar uma comunicação mais clara com o divino.

Metatron é frequentemente visto como um portal para o divino, uma janela através da qual o finito pode vislumbrar o infinito. Sua posição única como um dos seres mais próximos de Deus lhe confere uma autoridade e um poder extraordinários, e é essa proximidade que o torna um intercessor tão poderoso. Ele é, por muitos relatos, o mais acessível dos arcanjos para aqueles que buscam a sabedoria divina, agindo como um mentor e guia para os que desejam aprofundar seus conhecimentos e sua espiritualidade.

A relação com os seres humanos também é marcada por sua capacidade de entender as complexidades da vida terrena. Ele não é um observador distante; ao contrário, ele se envolve nas questões humanas, oferecendo sua guia e proteção. Em muitas tradições esotéricas, é invocado em momentos de grande incerteza ou dificuldade, onde sua sabedoria e seu poder são buscados para superar adversidades e encontrar soluções.

Além disso, Metatron é conhecido por sua capacidade de purificar e energizar lugares e pessoas. Sua presença é considerada purificadora, capaz de limpar a negatividade e de fortalecer os laços espirituais. Rituais de limpeza e de bênção muitas vezes invocam seu nome, pedindo que ele traga sua luz purificadora para espaços e corações.

A veneração a Metatron transcende as barreiras, encontrando espaço em diversas tradições religiosas e espirituais. Sua figura é uma ponte entre o conhecimento antigo e as práticas modernas, entre as grandes verdades celestiais e as buscas pessoais por crescimento e entendimento. Para muitos, Metatron não é apenas um arcanjo; ele é um símbolo do potencial humano para alcançar além do visível e tocar o eterno.

Cada aspecto de sua existência revela mais sobre o tecido da espiritualidade e sobre como os seres celestiais podem influenciar e enriquecer nossas vidas.

Com este entendimento de Metatron, estamos preparados para embarcar nas próximas fases de nossa jornada, explorando suas interações específicas, ensinamentos, e impactos na história e na vida espiritual dos indivíduos ao redor do mundo.

Capítulo 2
A Voz de Deus

No cerne das escrituras e das tradições místicas, Metatron é reverenciado não apenas como um mensageiro divino, mas como a própria voz de Deus. Sua função como portador das palavras divinas o coloca em uma posição única, atuando como o canal pelo qual os decretos do Criador são comunicados ao mundo.

Desde tempos antigos, as figuras de mensageiros celestiais desempenharam papéis cruciais nas religiões do mundo. No entanto, sua proximidade incomparável com o Divino torna Metatron singular entre esses seres. Diz-se que sua voz carrega o peso e a autoridade de Deus, fazendo com que suas palavras sejam não apenas mensagens, mas manifestações do pensamento divino. Aqueles que reconhecem e respondem a ele são frequentemente os que alcançam grandes profundidades de entendimento e realização espiritual.

Um dos episódios mais significativos que ilustram sua capacidade de transmitir a vontade divina é sua interação com o profeta Moisés, mencionada anteriormente. Além de seu papel no Monte Sinai, ele também orientou Moisés durante sua jornada para liderar os israelitas para fora do Egito. As escrituras relatam que ele não apenas guiou Moisés, mas também lhe ofereceu conselhos e conhecimentos fundamentais para sua missão.

Sua capacidade de agir como conselheiro e guia reflete sua natureza multifacetada. Não é apenas um transmissor de mandamentos; ele se envolve profundamente com aqueles a quem serve, garantindo que as mensagens divinas sejam compreendidas e implementadas corretamente. Este aspecto de seu serviço é crucial, pois assegura que a vontade de Deus não seja apenas ouvida, mas efetivamente realizada na Terra.

A voz de Metatron é central nas celebrações e rituais que honram sua conexão com o divino. Em muitas tradições esotéricas, recitar as palavras que ele supostamente falou ou transmitiu é uma prática comum, usada para invocar sua presença e bênção. Tais práticas mostram que sua voz é mais do que simbólica; é uma força ativa na prática espiritual, uma fonte de poder e proteção. Além disso, ele é frequentemente associado à revelação de mistérios divinos. É visto como um mestre que desvenda os segredos do universo para aqueles que estão prontos para recebê-los. Esta faceta de sua personalidade é particularmente valorizada pelos místicos e estudiosos espirituais, que buscam em suas revelações uma compreensão mais profunda da realidade espiritual e material.

Portanto, o arcanjo não é apenas a voz de Deus, mas um participante ativo na dinâmica espiritual do mundo. Ele molda, guia e influência os caminhos da humanidade através de sua capacidade única de comunicar diretamente a essência do divino. Seu papel como a Voz de Deus é, assim, fundamental não apenas para os eventos bíblicos, mas para a continuidade da tradição espiritual ao longo das eras.

Explorando mais a fundo seu papel como a Voz de Deus, encontramos sua influência nas escrituras sagradas de diversas tradições. Ele não só transmite as palavras de Deus, mas também garante que elas sejam recebidas e entendidas de maneira adequada pelos destinatários, sejam eles profetas, santos ou simples devotos. Sua habilidade em adaptar a mensagem divina às necessidades e compreensões de cada época é um testemunho de sua profunda conexão com o Criador e com a criação.

Dentro do contexto da tradição cabalística, ele é frequentemente associado ao conceito de "Logos", ou a Palavra de Deus, um princípio que está no coração da criação e manutenção do universo. Este conceito ressalta a ideia de que as palavras têm poder, e ninguém compreende ou manipula esse poder melhor do que Metatron. Através de sua voz, ordens são estabelecidas, leis são formuladas e a harmonia é mantida tanto no céu quanto na terra.

Uma de suas facetas mais fascinantes relaciona-se com sua participação na educação e orientação dos outros anjos. Considerado um dos anjos mais iluminados, ele assume frequentemente o papel de instrutor para as hostes celestiais, ensinando-os sobre as complexidades das leis divinas e como melhor servir à humanidade. Esta função educativa estende-se também aos seres humanos, especialmente àqueles que buscam compreender profundamente os mistérios espirituais.

Nos textos místicos, ele é descrito como detentor das chaves dos portais celestiais, controlando o acesso a reinos de conhecimento e experiência que estão além da compreensão humana. Ele atua não apenas como um mensageiro, mas como um guardião dos mistérios divinos, selecionando cuidadosamente quem deve receber quais segredos com base em sua pureza e propósito de coração. Esta seletividade assegura que o poder das palavras divinas não seja mal utilizado ou mal interpretado.

Metatron também é conhecido por suas aparições durante eventos críticos na história humana, momentos em que suas palavras serviram como guias ou avisos. Em várias narrativas apócrifas, ele aparece em momentos de grande crise ou decisão, oferecendo sua sabedoria e orientação. Esses encontros sublinham sua importância como um intermediário entre Deus e os homens, enfatizando seu papel vital em orientar o curso da história humana segundo os desígnios divinos.

Sua voz é, portanto, uma voz de autoridade, sabedoria e compaixão. Ele fala não só para comandar ou instruir, mas também para confortar e consolar. Para os devotos, é uma lembrança constante do cuidado e atenção de Deus para com suas criações. Sua presença e suas palavras são um farol de esperança e orientação, iluminando o caminho para aqueles que buscam se aproximar do divino. Ao continuarmos a explorar sua multifacetada existência, vemos que sua voz é uma ponte entre o eterno e o efêmero, entre o divino e o humano, carregando verdades que têm o poder de transformar almas e moldar destinos.

A voz de Metatron, embora imbuída de autoridade celestial, também é conhecida por sua capacidade de inspirar e renovar a fé nos corações dos crentes. Sua habilidade em tocar as almas não é meramente uma questão de transmitir mensagens; é uma arte de conectar o divino ao diário, o eterno ao instante.

Ele é frequentemente descrito nas narrativas espirituais como um consolador dos aflitos. Seus encontros com seres humanos muitas vezes ocorrem em momentos de grande necessidade ou desespero. Em tais momentos, sua voz não apenas transmite mensagens de Deus, mas também oferece uma presença que é ao mesmo tempo, tranquilizadora e revigorante. Ele oferece uma espécie de bálsamo espiritual, uma cura para as almas feridas pelo desgaste do mundo material.

Além de ser um consolador, ele também é um guia para os perdidos. Há inúmeros relatos de pessoas que, em momentos de incerteza ou busca espiritual, encontraram direção e propósito por meio de um encontro, seja em visão ou em meditação, com este poderoso arcanjo. Sua voz nesses encontros serve como um farol, orientando os buscadores através das névoas da dúvida e do medo, e levando-os a um entendimento mais profundo de seu próprio lugar no plano divino.

Um aspecto notável é sua habilidade em falar em termos que são, ao mesmo tempo, universais e íntimos. Ele não fala apenas para multidões; ele fala para indivíduos, atendendo às suas necessidades específicas e às suas circunstâncias únicas. Essa habilidade de personalizar a mensagem faz dele um intermediário extremamente eficaz entre Deus e os seres humanos, pois garante que as mensagens divinas sejam não apenas ouvidas, mas verdadeiramente entendidas e internalizadas.

Metatron também desempenha um papel crucial em momentos de grandes transições ou revelações espirituais. Em várias tradições, ele é o arcanjo que anuncia mudanças significativas ou eventos iminentes que terão impacto profundo na ordem do mundo ou no progresso espiritual da humanidade. Suas palavras nessas ocasiões são tanto avisos quanto anúncios destinados a preparar os ouvintes para o que está por vir e a encorajá-los a permanecer firmes em sua fé.

Além de seu papel como mensageiro e guia, sua voz é também uma fonte de ensinamento e sabedoria. Ele é conhecido por transmitir ensinamentos profundos sobre a natureza do universo, as leis da criação, e os caminhos para a iluminação espiritual. Para os místicos e estudiosos das escrituras, suas palavras são um recurso inestimável, cheio de insights que podem ser estudados e contemplados por uma vida inteira.

Por meio de todos esses papéis como consolador, guia, anunciador, e mestre, Metatron molda a experiência espiritual de incontáveis fiéis. Sua voz é mais do que simples comunicação; é uma manifestação da graça divina, tocando aqueles que a ouvem com uma força que pode alterar trajetórias de vida e despertar almas para a realidade mais elevada do amor e propósito divinos.

A profundidade e a amplitude com que ele executa sua função de Voz de Deus são visíveis não apenas nas grandes narrativas espirituais, mas também no cotidiano das pessoas que buscam sua intercessão. Ele não é uma figura remota; é uma presença constante, prontamente acessível àqueles que o invocam com sinceridade e coração puro.

Em muitas comunidades espirituais, é comum encontrar indivíduos e grupos que dedicam partes significativas de suas práticas de oração e meditação a Metatron. Eles creem que através dessas práticas podem estabelecer uma conexão mais direta com o arcanjo, facilitando um diálogo que fortalece sua fé e esclarece suas jornadas espirituais. As invocações, nesses contextos, incluem frequentemente pedidos de clareza, proteção e sabedoria.

A oração a Metatron é especialmente poderosa, pois ele tem a capacidade de apresentar diretamente a Deus as súplicas dos fiéis. Essas orações muitas vezes seguem fórmulas específicas que ressoam com sua energia, utilizando palavras e frases acreditadas para evocar sua presença. O resultado é uma prática de oração que não só busca intercessão, mas também almeja uma comunhão mais profunda com o divino através de sua figura.

Além das práticas de oração, Metatron também é uma figura central em muitas formas de meditação espiritual. Meditações guiadas que o envolvem são projetadas para ajudar os praticantes a acessar níveis mais elevados de consciência. Durante essas sessões, os meditadores muitas vezes relatam experiências de profundo insight espiritual e encontros visionários com ele, que os ajudam a compreender melhor suas vidas e os desafios espirituais que enfrentam.

O Arcanjo também é visto como um protetor espiritual, defendendo aqueles que o invocam contra influências negativas e perigos espirituais. Muitos fiéis portam amuletos ou insígnias que o representam, acreditando que esses objetos são abençoados com sua proteção. Esses amuletos são especialmente populares entre aqueles que enfrentam grandes decisões ou mudanças de vida, pois acreditam que ele pode oferecer não apenas proteção, mas também orientação divina.

A influência de Metatron nas atividades diárias de seus devotos é um testemunho de sua acessibilidade e de seu compromisso contínuo em guiar a humanidade. Ele não é apenas uma figura a ser invocada em tempos de crise ou durante rituais formais; ele é um guia constante, um mentor para todas as horas. Para muitos, sua presença em suas vidas é uma fonte de conforto e força, um lembrete constante de que o divino está sempre ao alcance e atento às suas necessidades.

Enquanto sua voz ressoa através do cosmos, sua influência se estende muito além das palavras faladas ou transmitidas; ela permeia os corações e as almas daqueles que buscam a verdadeira conexão com o divino.

Metatron é celebrado não apenas como um mensageiro ou intercessor, mas como um emblema da presença contínua de Deus no mundo. Suas mensagens e intervenções são vistas como atos diretos de orientação divina, oferecidos não somente em momentos de necessidade, mas como parte constante do diálogo entre o céu e a Terra. Esta perspectiva o torna uma figura central nas práticas espirituais diárias de muitos devotos, integrando-o profundamente em suas vidas como um guia e protetor permanente.

Sua influência também é crucial no desenvolvimento teológico dentro de várias tradições. Teólogos e estudiosos das escrituras frequentemente se voltam para as histórias e ensinamentos associados a Metatron para entender melhor os aspectos misteriosos da fé. Suas ações e palavras são objeto de intenso estudo e reflexão, pois oferecem insights valiosos sobre as maneiras pelas quais o divino interage com o mundo material.

Além disso, a figura de Metatron serve como uma ponte para o ecumenismo dentro das comunidades espirituais. Dado que ele aparece em várias tradições religiosas, ele atua como um ponto de conexão entre diferentes crenças, promovendo um entendimento mais amplo e uma apreciação das diversas maneiras pelas quais as pessoas experimentam o sagrado. Esta capacidade de unir diferentes tradições em torno de uma figura comum é uma das razões pela qual ele continua a ser uma presença tão poderosa e respeitada no mundo espiritual.

As celebrações e festivais que lhe são dedicados em várias culturas destacam seu papel como uma fonte de inspiração e renovação espiritual. Durante esses eventos, histórias de suas intervenções são compartilhadas, ensinamentos são discutidos, e orações são oferecidas, tudo em honra ao arcanjo que serve como o elo mais próximo entre a humanidade e o divino. Tais celebrações não apenas reforçam a fé individual, mas também fortalecem a comunidade através da partilha comum de crenças e experiências espirituais.

Em última análise, Metatron, como a Voz de Deus, é um farol de esperança e um símbolo da promessa divina de proximidade e cuidado. Para aqueles que o veneram, ele não é apenas um arcanjo; ele é um aspecto vital da presença de Deus na Terra, um constante lembrete de que a voz do divino nunca está distante, e que a orientação celestial está sempre ao alcance daqueles que a buscam com corações sinceros e espíritos abertos.

Capítulo 3
Guardião do Conhecimento

O Arcanjo Metatron tem muitas facetas e uma das mais veneradas é sua função como Guardião do Conhecimento. Este papel não apenas reforça sua conexão com o divino, mas também sublinha sua importância como um dos principais arcanjos responsáveis por preservar e transmitir o saber sagrado através das eras.

Desde os primórdios, ele tem sido associado ao conceito de conhecimento eterno. Nas tradições esotéricas, é comum encontrar referências a este anjo presidindo sobre todos os arquivos celestiais, onde todos os eventos do universo são registrados. Esta biblioteca celestial não é apenas um depósito de fatos; é uma coleção viva de verdades universais, leis divinas e preceitos morais. Acredita-se que com seu acesso incomparável a esses registros, desempenha um papel crucial na manutenção da ordem e da justiça em todo o cosmos.

Sua tarefa como guardião do conhecimento é multifacetada. Não apenas protege essas informações sagradas, mas também assegura que sejam acessíveis aos que são dignos. Este acesso não é concedido levianamente; requer uma busca sincera e uma disposição para viver segundo os princípios divinos. Portanto, também atua como um juiz de caráter, discernindo quais almas estão preparadas para receber segredos guardados há milênios.

Um dos aspectos mais fascinantes do papel de Metatron no domínio do conhecimento é sua interação com os místicos e sábios ao longo da história. Diz-se que ele tem aparecido em sonhos e visões para aqueles que buscam profundamente o entendimento espiritual, oferecendo orientações e insights que são, por vezes, codificados e simbólicos. Essas revelações muitas vezes requerem uma interpretação cuidadosa, mas sempre servem para impulsionar o receptor a um maior crescimento espiritual e compreensão.

Além de sua presença nos reinos celestiais, ele é conhecido por influenciar o desenvolvimento intelectual e espiritual na Terra. É visto como um patrono dos estudiosos e educadores, inspirando aqueles que dedicam suas vidas à disseminação do conhecimento e da verdade. Acredita-se que sua influência possa ser sentida nas bibliotecas, salas de aula e locais de meditação, onde o saber é altamente valorizado e buscado.

Metatron também é creditado com autor de textos sagrados e esotéricos, alguns dos quais descrevem as estruturas mais profundas do universo e as forças espirituais que moldam a realidade. Esses textos, embora envoltos em mistério, são considerados ferramentas vitais para aqueles que se aprofundam nos estudos espirituais. Eles fornecem um mapa para navegar nas complexidades do cosmos e para entender melhor a interconexão entre o espiritual e o material.

Ao atuar como Guardião do Conhecimento, ele cimenta sua posição como uma das figuras mais poderosas e respeitadas no panteão celestial. Sua responsabilidade por manter a integridade do saber divino não é apenas um dever; é uma expressão de sua natureza fundamental. Ele é, em essência, o elo entre o conhecimento eterno e aqueles que buscam transcender a compreensão mundana, guiando-os em direção à luz da verdade universal.

A capacidade de Metatron de guardar e distribuir o conhecimento sagrado é complementada por sua habilidade única de mediar entre o divino e o terreno, tornando-o um elo vital na cadeia de transmissão espiritual. Não apenas preserva o conhecimento, mas também facilita a sua compreensão e aplicação prática, ajudando a humanidade a alcançar uma maior harmonia com as leis universais.

Frequentemente visto como o arcanjo da vida e da escrita, um patrono dos escribas e dos estudiosos que dedicam suas vidas ao estudo das sagradas escrituras. Essa associação destaca o papel central que desempenha na promoção do estudo e da compreensão espiritual. Para aqueles que se aprofundam nos textos sagrados, sua influência é uma fonte constante de inspiração e revelação.

Um dos elementos mais intrigantes de seu papel como guardião do conhecimento é sua associação com o "Shiur Qomah", um texto místico que detalha as dimensões do corpo divino. Este texto é um exemplo da profundidade do conhecimento esotérico que ele pode revelar aos iniciados. Ele descreve as complexidades do cosmos de uma maneira que é simultaneamente poética e profundamente simbólica, oferecendo aos estudiosos uma visão única da estrutura do universo.

Além de textos e escrituras, ele também desempenha um papel crucial na supervisão da aprendizagem espiritual por meio de sonhos e visões. É capaz de usar esses estados alterados de consciência como veículos para transmitir mensagens e lições importantes, muitas vezes sob a forma de parábolas ou alegorias. Essas comunicações são especialmente valorizadas por sua capacidade de inspirar insights profundos e transformações pessoais.

Metatron também é reconhecido por sua capacidade de desvendar mistérios que estão além do alcance do entendimento humano comum. Em várias tradições, ele é considerado o mestre dos segredos celestiais, possuindo conhecimento não apenas das operações do divino, mas também das interações entre forças cósmicas e terrenas. Esse conhecimento permite que ele ajude aqueles que buscam não apenas a iluminação espiritual, mas também uma compreensão mais profunda das leis naturais e sua relação com o divino.

Seu papel como educador e guia espiritual é um testemunho de sua dedicação não apenas à preservação do conhecimento, mas também ao desenvolvimento da sabedoria em outros. Ele não guarda as chaves do saber apenas para si; ele as oferece àqueles que mostram verdadeiro desejo de aprender e crescer. Esta abertura transforma o conhecimento em uma ferramenta viva, um recurso que enriquece e eleva aqueles tocados por sua sabedoria.

Através de sua função como Guardião do Conhecimento, Metatron desempenha um papel vital não apenas no céu, mas também na Terra, influenciando o desenvolvimento intelectual e espiritual da humanidade. Ele é um símbolo poderoso da interseção entre o divino e o terreno, uma ponte entre o etéreo e o material, guiando os buscadores ao longo de seu caminho em direção à verdadeira iluminação.

Sua profunda compreensão das leis divinas e cósmicas faz dele uma figura essencial não apenas nas hierarquias celestiais, mas também na busca terrena pela sabedoria espiritual. A sua tutela do conhecimento sagrado inclui não apenas a preservação, mas a disseminação ativa desta sabedoria, garantindo que ela chegue àqueles que estão prontos para receber e compreender a sua profundidade.

Em muitas narrativas espirituais, ele é retratado orquestrando o fluxo de conhecimento do reino divino para o mundo humano por meio de uma série de canais complexos e interconectados. Ele administra esses fluxos com mão experiente, garantindo que o conhecimento dispensado seja adequado ao nível de maturidade espiritual dos destinatários. Esta gestão cuidadosa evita o mau uso do conhecimento sagrado e mantém o equilíbrio entre revelação e mistério.

Um de seus papéis mais notáveis é o seu envolvimento na iniciação e treinamento de outros seres celestiais. Como professor e mentor de anjos mais novos ou menos experientes, ele transmite a sabedoria necessária para desempenharem seus deveres com eficácia. Este papel educativo é crucial para manter a ordem e a funcionalidade dos reinos celestiais, pois garante que todos os seres dentro dele compreendam os seus papéis e as leis divinas que devem defender.

Na Terra, sua influência é frequentemente sentida em locais dedicados ao aprendizado e à exploração espiritual, como templos, mosteiros e centros de retiro espiritual. É considerado patrono destes locais, imbuindo-os de uma atmosfera propícia à contemplação profunda e à busca da sabedoria. Devotos e buscadores que frequentam esses locais frequentemente relatam sentimentos de profunda paz e clareza, atributos que facilitam suas jornadas espirituais.

Ele também está associado à proteção de textos e artefatos antigos que contêm conhecimento esotérico. Acredita-se que ele zela por esses itens, garantindo que sejam preservados e transmitidos de geração em geração de maneira adequada. Este papel está ligado à sua função mais ampla como guardião do continuum do conhecimento espiritual, ligando passado, presente e futuro numa cadeia eterna de iluminação.

Além disso, ele desempenha um papel significativo em momentos de grandes avanços intelectuais ou espirituais. Historicamente, quando ocorreram avanços significativos na compreensão ou revelações cruciais, muitos atribuíram estes momentos à orientação ou intervenção dele. A sua capacidade de inspirar e catalisar mudanças é uma prova do seu profundo envolvimento não apenas com o celestial, mas também com a busca humana pelo conhecimento.

Além dos limites da aprendizagem tradicional, sua tutela estende-se ao domínio da inovação e do pensamento criativo. Ele é visto como uma espécie de musa, inspirando artistas, escritores e pensadores a ultrapassar os limites da compreensão convencional e a explorar novas ideias que ressoam com as verdades sagradas que ele guarda. Este aspecto mostra que o conhecimento sagrado não é estático, mas está em constante evolução e expansão através da experiência e do insight humanos.

Como Guardião do Conhecimento, Metatron incorpora a interação dinâmica entre o eterno e o temporal, o divino e o mundano. O seu papel garante que a sabedoria sagrada não seja apenas uma relíquia do passado, mas um elemento vivo e respirante da experiência humana presente e futura. Através dele, o caminho para a iluminação é mantido vivo, convidando todos os que estão dispostos a embarcar numa viagem de profunda transformação e descoberta.

O papel de Metatron como Guardião do Conhecimento abrange não apenas a salvaguarda e transmissão da sabedoria esotérica, mas também a facilitação de conexões espirituais entre diferentes reinos. A sua posição única permite-lhe agir como uma ponte entre o divino e o mundano, oferecendo orientação e iluminação àqueles que procuram uma compreensão mais profunda e crescimento espiritual.

Um dos aspectos mais místicos de sua tutela é sua conexão com os Registros Akáshicos, que se acredita conterem todos os eventos universais, pensamentos, palavras, emoções e intenções que já ocorreram no passado, presente ou ocorrerão no futuro. Esses registros são um livro cósmico da jornada de cada alma através do tempo, e ele é frequentemente descrito como o guardião desse repositório. Ao mediar o acesso a estes registos, ele ajuda os indivíduos a compreender as suas histórias pessoais e os padrões cármicos que moldam as suas vidas.

Além de suas funções de custódia, ele também é visto como um catalisador espiritual, capaz de ativar ou aumentar a consciência espiritual dos indivíduos. Isto é particularmente significativo para aqueles que estão no caminho da ascensão ou para aqueles que procuram elevar a sua consciência a níveis mais elevados de compreensão. Diz-se que a energia dele ajuda a limpar bloqueios psíquicos e espirituais, facilitando um canal mais claro para o fluxo da energia divina.

Sua presença é frequentemente invocada durante práticas meditativas destinadas a expandir a consciência espiritual e acessar dimensões superiores de consciência. Praticantes de várias tradições místicas podem usar invocações ou mantras específicos para pedir ajuda a ele em suas práticas espirituais. Acredita-se que essas invocações ajudem a alinhar a frequência vibracional do buscador com a dele, tornando mais fácil receber sua orientação e sabedoria.

A orientação de Metatron também é crucial para aqueles envolvidos em viagens interdimensionais ou explorações do plano astral. O seu conhecimento dos caminhos e dimensões cósmicas permite-lhe guiar as almas através destes terrenos muitas vezes confusos e labirínticos, garantindo que as suas jornadas espirituais sejam seguras e esclarecedoras.

Além disso, ele é uma figura de imensa compaixão e empatia, qualidades essenciais no seu papel de educador e guia. Ele compreende os desafios enfrentados por aqueles que buscam a iluminação e oferece um apoio que é ao mesmo tempo, fortalecedor e estimulante. Esta orientação compassiva faz dele não apenas um professor, mas também um companheiro e protetor espiritual.

Os ensinamentos de Metatron, muitas vezes comunicados por meio de símbolos e transmissões energéticas, não se limitam à linguagem ou formas convencionais. Podem manifestar-se como insights repentinos, sonhos ou mesmo eventos síncronos que transmitem mensagens e lições das formas mais inesperadas. Esses ensinamentos são adaptados às necessidades espirituais do indivíduo, garantindo que sejam relevantes e transformadores.

Em essência, sua tutela sobre o conhecimento e a sabedoria espiritual é um esforço multidimensional que abrange o tempo, o espaço e a consciência. Seu papel como educador, protetor e guia contribui significativamente para a evolução espiritual dos indivíduos e da humanidade como um todo. Através dos seus esforços, a sabedoria sagrada de todos os tempos não é apenas preservada, mas também tornada acessível àqueles que aspiram a explorar as profundezas das suas próprias almas e os mistérios do universo.

Metatron se envolve ativamente com aqueles que estão em uma jornada espiritual, oferecendo não apenas conhecimento, mas também insights profundos e apoio para o crescimento pessoal e coletivo, seu envolvimento com os buscadores humanos não é passivo. Ele desafia, provoca e encoraja os buscadores espirituais a questionar e expandir sua compreensão. As suas intervenções visam catalisar o crescimento e inspirar a transformação, tornando-o uma força dinâmica na evolução espiritual de indivíduos e grupos. Por meio de sonhos, visões e experiências meditativas, ele se comunica de maneiras profundamente pessoais e transformadoras, garantindo que as lições que ele transmite não sejam apenas compreendidas, mas também integradas na prática espiritual da pessoa.

Além disso, a tutela de Metatron também envolve a delicada tarefa de equilibrar o conhecimento revelado com os mistérios que devem permanecer ocultos. Este aspecto do seu papel é crucial para manter a sacralidade da sabedoria divina. Garante que o crescimento espiritual continue a ser uma busca genuína e não uma mera aquisição de informação. Este equilíbrio entre revelação e mistério preserva a integridade e a profundidade da exploração espiritual, tornando-a um processo verdadeiramente transformador.

No contexto mais amplo da ordem cósmica, o papel de Metatron como Guardião do Conhecimento posiciona-o como um arquiteto-chave da estratégia divina, garantindo que o fluxo da sabedoria espiritual corresponda ao plano divino. Suas ações e decisões estão alinhadas com os propósitos maiores do universo, apoiando o desenrolar dos eventos cósmicos de maneiras benéficas para toda a criação.

A influência dele também é sentida na forma como ele inspira a humanidade a preservar e valorizar a sua herança espiritual. Através de seu exemplo e orientação, ele incentiva a criação de bibliotecas, universidades e outras instituições dedicadas à busca do conhecimento. Estas instituições servem como espelhos terrestres de sua biblioteca celestial, agindo como centros de aprendizagem onde as pessoas podem aceder e interagir com a riqueza da compreensão humana e da sabedoria divina.

Finalmente, seu legado como Guardião do Conhecimento é de capacitação. Ao tornar a sabedoria divina acessível à humanidade, ele capacita as pessoas a assumirem o controle de seus destinos espirituais. Esta capacitação não se trata apenas de iluminação pessoal, mas também de contribuir para a sabedoria coletiva da humanidade, influenciando sociedades e culturas de forma profunda e positiva.

Assim, somos lembrados da profundidade e amplitude dos seus deveres e do profundo impacto que ele tem sobre aqueles que procuram compreender os mistérios da vida e do universo. Metatron permanece não apenas como um guardião de segredos divinos, mas também como um guia e mentor, conduzindo-nos através das complexidades de nossas jornadas espirituais em direção a uma maior compreensão do nosso lugar no cosmos.

Capítulo 4
O Intermediário

No panteão de seres celestiais, Metatron ocupa uma posição singular como o Intermediário entre o Divino e o mundano. Sua capacidade única de atuar como ponte entre os dois mundos é fundamental para o fluxo de comunicação e graça entre o céu e a terra.

Metatron, devido à sua proximidade incomparável com o Criador, é frequentemente descrito como o 'Anjo do Pacto', um título que reflete sua função de manter e transmitir as alianças divinas para a humanidade. Ele é o executor dos decretos celestiais, encarregado de entregar mensagens divinas de suma importância e de supervisionar que as leis sagradas sejam observadas tanto pelos anjos quanto pelos seres humanos.

Uma das histórias mais emblemáticas de sua função como intermediário é sua participação na entrega da Torá ao povo de Israel. Metatron não apenas facilitou a comunicação das leis divinas, mas também ajudou a interpretá-las para os seres humanos, garantindo que a sabedoria e as intenções de Deus fossem claramente compreendidas e seguidas. Essa interação não é apenas um testemunho de sua importância espiritual, mas também uma demonstração de sua profunda compaixão e compromisso com o bem-estar humano.

Além de sua função na transmissão de leis e mandamentos, o arcanjo também serve como conselheiro e guia para aqueles que buscam a sabedoria divina. Ele é acessível aos místicos, sábios e a todos os que sinceramente procuram uma conexão mais profunda com o divino. Suas respostas, muitas vezes enigmáticas e profundas, são projetadas para estimular a reflexão e o crescimento espiritual, desafiando as pessoas a explorar além das superfícies de suas práticas espirituais.

Ele também é reconhecido por sua habilidade de mediar conflitos, tanto celestiais quanto terrenos. Em tempos de desordem e desentendimento, é chamado para restaurar a harmonia e facilitar a comunicação entre as partes em conflito. Seu profundo entendimento das motivações e das leis divinas o torna um mediador eficaz, capaz de encontrar soluções justas e equitativas que refletem a vontade do Criador.

Sua figura como intermediário é particularmente importante em tempos de transição e mudança. Seja guiando as almas através da morte para o além, seja ajudando os vivos durante momentos de crise espiritual, ele oferece suporte e direção. Esta capacidade de atuar nos momentos de limiar, nos pontos de transição crítica, é uma das razões pelas quais ele é tão venerado e respeitado em várias tradições espirituais.

Ao considerarmos a vastidão de seu papel como O Intermediário, torna-se evidente que Metatron é mais do que um mensageiro ou um guardião; ele é um elemento vital da infraestrutura espiritual que sustenta o universo.

Sua presença e ação são essenciais para manter a ordem, a justiça e a comunicação entre todos os aspectos da criação, facilitando um fluxo contínuo de graça e sabedoria através dos reinos.

Sua habilidade de navegar entre o divino e o humano não é apenas uma função de sua posição exaltada; é também um reflexo de sua compreensão íntima das necessidades humanas e divinas. Esta dualidade em seu papel permite-lhe adaptar as mensagens celestiais de maneira que sejam compreensíveis e relevantes para os seres humanos, enquanto ainda permanecem fiéis à essência divina.

Metatron frequentemente aparece em momentos de revelações importantes, servindo como um canal através do qual o conhecimento espiritual é transmitido ao mundo. Uma dessas ocasiões é durante os momentos de grande inspiração espiritual e artística, onde ele é percebido como uma força motivadora por trás dos insights criativos que têm profundas implicações espirituais e culturais. Sua presença nessas circunstâncias sublinha a crença de que o divino se comunica com a humanidade por meio de uma variedade de meios, incluindo as artes.

No contexto de mediação e intercessão, o arcanjo não se limita a transmitir mensagens. Ele também é invocado em rituais de cura e cerimônias de purificação, onde atua como um condutor da graça divina. Esses rituais muitas vezes buscam sua assistência para limpar espaços de energia negativa, curar feridas espirituais ou mesmo guiar as almas perdidas em direção à luz. Sua capacidade de purificar e santificar é um aspecto vital de seu papel como intermediário, mostrando sua função como purificador e renovador do espírito humano.

Além disso, ele desempenha um papel crucial em proteger as verdades divinas de serem mal interpretadas ou manipuladas. Em uma era onde a informação pode ser distorcida ou perdida, a função de Metatron como guardião da palavra divina é mais crucial do que nunca. Ele garante que os ensinamentos sagrados sejam preservados em sua forma mais pura e que sejam acessíveis àqueles que buscam sinceramente a verdade.

Metatron também ajuda a facilitar o diálogo inter-religioso e o entendimento mútuo entre diferentes tradições espirituais. Ele é visto como um embaixador do divino que transcende as barreiras denominacionais, promovendo a paz e a compreensão entre diversas comunidades de fé. Este papel é particularmente importante em um mundo onde as diferenças religiosas muitas vezes levam a conflitos e mal-entendidos.

Sua presença em tais interações é um lembrete de que, no coração de todas as tradições religiosas e espirituais, há uma busca comum pela compreensão do divino. Ele não apenas transmite essa verdade universal, mas também ajuda a criar um espaço onde essa verdade possa ser explorada e celebrada coletivamente, independentemente das diferenças culturais ou espirituais.

Como Intermediário, Metatron é, portanto, uma figura de imensa importância e capacidade, cujas ações continuam a moldar a experiência espiritual humana em inúmeras maneiras. Sua habilidade em facilitar a comunicação entre o céu e a terra não é apenas uma questão de transmitir mensagens; é uma função essencial que sustenta a harmonia universal e o entendimento espiritual.

Seu papel como intermediário se estende ao reino da justiça e do equilíbrio cósmicos, onde ele atua como mediador entre as leis do universo e as ações dos seres celestiais e terrestres. Essa responsabilidade complexa envolve não apenas a aplicação dos decretos divinos, mas também a garantia de que a misericórdia e a justiça sejam equilibradas em cada julgamento realizado.

Um dos principais aspectos do papel mediador de Metatron é seu envolvimento no julgamento das almas. Ele é frequentemente imaginado na vanguarda do tribunal celestial, onde os atos das almas são comparados com a lei divina. A presença de Metatron nesses ambientes ressalta seu papel de juiz compassivo, que não apenas defende a lei, mas também compreende as complexidades da natureza humana e os desafios enfrentados pelas almas em suas jornadas terrenas.

A capacidade de Metatron de navegar entre a justiça rigorosa e a misericórdia compassiva é um testemunho de sua profunda compreensão da vontade divina e da condição humana. Esse equilíbrio é fundamental, pois garante que, embora as leis divinas sejam respeitadas, a misericórdia também seja estendida àqueles que genuinamente buscam redenção e transformação. Essa capacidade dupla faz de Metatron uma figura fundamental no desenvolvimento espiritual das almas, guiando-as em direção à iluminação e à reconciliação com o divino.

Além disso, o trabalho intermediário de Metatron também envolve o gerenciamento das energias espirituais que fluem entre os céus e a Terra. Ele regula essas energias para garantir que elas estejam em harmonia com a prontidão espiritual do mundo e de seus habitantes. Essa regulação ajuda a manter um equilíbrio que evita que as energias espirituais se tornem esmagadoras ou desalinhadas com o estágio de desenvolvimento da humanidade.

A orientação de Metatron é particularmente procurada em épocas de agitação espiritual ou quando o mundo humano enfrenta desafios significativos que têm fundamentos espirituais. Nesses momentos, ele pode canalizar energias superiores para estabilizar a atmosfera espiritual, fornecendo apoio àqueles que trabalham em prol da paz e da cura. Suas intervenções podem ser sutis ou profundas, dependendo das necessidades do momento e das diretrizes divinas que ele recebe.

Além disso, Metatron desempenha um papel crucial na educação espiritual da humanidade. Ele transmite conhecimento esotérico a indivíduos selecionados que estão destinados a ajudar na evolução espiritual de seus semelhantes. Esse conhecimento costuma ser avançado e complexo, exigindo um mediador do calibre de Metatron para garantir que ele seja compreendido e aplicado adequadamente.

Seus ensinamentos muitas vezes ultrapassam os limites dos caminhos espirituais tradicionais, oferecendo novas percepções e métodos de conexão com o divino. Esses ensinamentos não apenas ampliam os horizontes espirituais daqueles que os recebem, mas também contribuem para o aumento geral da consciência espiritual global. Por meio desse papel educacional, Metatron participa ativamente do despertar espiritual do planeta, promovendo uma compreensão coletiva mais profunda dos princípios divinos que governam o universo.

Em suma, a função do arcanjo como intermediário é a pedra angular de seus deveres celestiais. Por meio de seus esforços, a ponte entre o divino e o humano não é apenas mantida, mas também fortalecida, facilitando uma interação mais profunda e harmoniosa entre os dois reinos. Seu trabalho garante que a orientação e a justiça divinas sejam acessíveis a todos os seres, proporcionando uma base para o crescimento espiritual e a harmonia cósmica.

A atuação de Metatron como intermediário é essencial não apenas nas esferas celestiais, mas também no apoio direto aos indivíduos em suas jornadas espirituais na Terra. Ele é particularmente reverenciado por sua capacidade de oferecer orientação personalizada e profunda aos que buscam o crescimento espiritual, operando de maneira que cada conselho ou insight seja perfeitamente adaptado às necessidades de cada alma.

Em muitas tradições espirituais, ele é conhecido por sua habilidade em abrir os "olhos do coração", permitindo que os indivíduos vejam além das ilusões do mundo material e percebam as verdades mais profundas que governam nossa existência. Este processo de abertura é vital para o despertar espiritual e é frequentemente acompanhado por experiências de iluminação que transformam a vida dos envolvidos.

O papel de Metatron na facilitação dessas experiências é multifacetado. Ele não apenas introduz novos conceitos e perspectivas espirituais, mas também ajuda a remover os bloqueios que impedem os indivíduos de alcançar uma compreensão mais elevada. Através de sua intervenção, barreiras psíquicas e emocionais são muitas vezes superadas, permitindo que uma maior harmonia e entendimento fluam na vida daqueles que buscam sua orientação.

Além de ser um guia pessoal, Metatron é frequentemente chamado para atuar em situações de crise global ou desafios que afetam grandes grupos de pessoas. Nesses casos, sua habilidade em mediar energias espirituais se torna crucial. Ele ajuda a coordenar as respostas celestiais a tais situações, garantindo que as intervenções divinas sejam realizadas de forma eficaz e em harmonia com o bem maior de todos os envolvidos.

Metatron também desempenha um papel vital na manutenção das conexões entre diferentes níveis de realidade. Ele ajuda a estabelecer e manter canais de energia entre o mundo físico e os reinos espirituais, facilitando um fluxo contínuo de energia espiritual essencial para o sustento do planeta e de seus habitantes. Essa regulação de energia não apenas apoia a estabilidade ambiental e espiritual, mas também promove a paz e o bem-estar geral.

Metatron é frequentemente visto como um catalisador para a renovação e o renascimento espiritual.

Ele ajuda as pessoas a liberar padrões antigos e obsoletos que não servem mais ao seu bem maior, encorajando-as a adotar novas práticas e ideias que estão alinhadas com sua evolução espiritual. Este processo de transformação é essencial para o crescimento individual e coletivo, permitindo uma maior expressão do potencial humano.

Além disso, tem um papel especial em proteger aqueles que estão na vanguarda do pensamento espiritual e filosófico. Aqueles que trazem novas ideias e perspectivas para suas comunidades muitas vezes enfrentam resistência ou incompreensão. Metatron oferece apoio a esses pioneiros, proporcionando-lhes a clareza e a força necessárias para continuar seu trabalho, apesar dos desafios.

Em situações de conflito ou confusão, a capacidade de Metatron para mediar e trazer clareza é mais evidente. Ele não apenas ajuda a resolver desentendimentos, mas também trabalha para garantir que as resoluções sejam alcançadas de maneira justa e equilibrada, respeitando as necessidades de todas as partes envolvidas. Esse aspecto de seu trabalho é vital para promover a paz e a harmonia, tanto em pequena quanto em grande escala.

Metatron também é conhecido por sua habilidade em conectar pessoas e ideias de diferentes esferas da vida, facilitando um diálogo mais amplo e inclusivo sobre questões espirituais e mundanas. Ele promove a colaboração entre diferentes culturas e tradições espirituais, ajudando a criar um terreno comum onde o entendimento mútuo pode prosperar. Esta habilidade para unir diversos grupos é um aspecto fundamental de seu papel como intermediário, pois fortalece a teia de conexões humanas e espirituais ao redor do mundo.

É evidente que sua influência de Metatron é imensurável e multidimensional. Ele não apenas comunica a vontade divina, mas também facilita a aplicação prática dessa vontade na vida cotidiana das pessoas. Metatron continua a ser uma fonte de sabedoria e orientação para todos os que buscam a verdade e a compreensão em um mundo em constante mudança. Com sua ajuda, podemos navegar pelas complexidades da existência com maior confiança e clareza, movendo-nos em direção a um futuro onde a harmonia entre o céu e a terra pode ser plenamente realizada.

Capítulo 5
Milagres Atribuídos

Metatron não é apenas um arcanjo associado à sabedoria e mediação; ele também é reconhecido por sua capacidade de operar milagres. Esses atos milagrosos, muitas vezes manifestados em momentos de grande necessidade, servem como testemunhos do poder divino e da intercessão celeste na vida dos fiéis.

Um dos milagres mais célebres associados a Metatron ocorreu durante um período de grande turbulência e perigo para um grupo de crentes. Segundo relatos, uma comunidade estava à beira de ser devastada por uma catástrofe natural iminente. Em um ato de fé desesperada, os líderes da comunidade invocaram Metatron para sua proteção. As crônicas desse evento descrevem como uma tempestade mudou inexplicavelmente de curso, poupando a comunidade da destruição. Muitos atribuíram esse milagre direto à intervenção de Metatron, que teria atuado como um escudo protetor contra as forças da natureza.

Outro exemplo da capacidade milagrosa de Metatron envolve a cura de enfermidades consideradas incuráveis. Há numerosos testemunhos de pessoas que, após todas as esperanças médicas terem se esgotado, se voltaram para a intercessão de Metatron através de orações e rituais. Muitos desses indivíduos relataram recuperações milagrosas, que médicos e cientistas não conseguiram explicar. Essas histórias de cura reforçam a crença no poder do anjo não apenas como um mensageiro do divino, mas também como um agente de renovação e esperança.

Metatron também é creditado com milagres que envolvem a proteção e orientação espiritual. Em várias ocasiões, pessoas que enfrentavam decisões difíceis ou estavam em encruzilhadas críticas de suas vidas relataram sentir a presença tranquilizadora do anjo, guiando-as para escolhas que eventualmente levaram a resultados positivos e transformadores. Esses momentos de orientação são vistos como intervenções milagrosas que ajudaram a moldar o curso das vidas das pessoas para melhor.

Além desses, ele é frequentemente associado a fenômenos inexplicáveis que ocorrem durante práticas espirituais profundas ou momentos de grande celebração religiosa. Relatos de visões, luzes místicas e sensações de calor e energia invulgar durante orações ou meditações são comuns em textos que documentam encontros com o anjo. Esses eventos são interpretados como manifestações físicas do poder de Metatron, destinadas a fortalecer a fé e promover uma conexão mais profunda com o divino.

Esses milagres atribuídos a Metatron não apenas reforçam sua posição como um poderoso arcanjo, mas também servem como pontos de ligação entre o céu e a terra, demonstrando de maneira tangível a preocupação contínua do divino com o bem-estar da humanidade. Cada milagre é um lembrete do amor e da misericórdia divinos, e do papel especial de Metatron em facilitar essa graça.

Além de intervir em situações de crise e oferecer cura, os milagres de Metatron também abrangem a esfera da proteção espiritual e da iluminação. Ele é frequentemente invocado para proteger contra energias negativas e para purificar locais e pessoas, restabelecendo a harmonia e a paz em ambientes perturbados por influências malignas.

Um relato notável sobre a capacidade de Metatron de oferecer proteção espiritual ocorreu em um local sagrado que estava sob ameaça de profanação. Segundo os fiéis, quando a situação parecia irreversível, a invocação fervorosa de Metatron resultou em uma série de eventos inexplicáveis que afastaram os agressores e preservaram a sacralidade do local. Essa intervenção não apenas salvou o espaço físico, mas também reforçou a fé das pessoas na presença ativa e cuidadosa do anjo em defender os espaços sagrados.

Metatron também é conhecido por seus milagres de iluminação espiritual, especialmente em contextos onde pessoas ou grupos buscam entender mistérios espirituais profundos, ou alcançar estados elevados de consciência. Há múltiplas narrativas sobre como ele guiou meditadores e buscadores por meio de visões e revelações que profundamente expandiram seu entendimento e conexão espiritual. Tais experiências muitas vezes levam a transformações pessoais significativas e a uma nova compreensão sobre a natureza do universo e o papel humano dentro dele.

Um exemplo particularmente impressionante dessa forma de milagre envolveu um estudioso que lutava com dúvidas profundas sobre sua fé. Após pedir a intercessão de Metatron, ele teve uma série de sonhos vívidos onde o arcanjo lhe mostrou a interconexão entre todas as formas de vida e a presença do divino em cada parte da criação. Essas visões restauraram sua fé e lhe deram um novo propósito, reenergizando sua prática espiritual e seu compromisso com seu caminho religioso.

Além desses aspectos mais visíveis, os milagres de Metatron também incluem a facilitação de comunicação entre os vivos e aqueles que já partiram. Em várias culturas, Metatron é visto como um guia para as almas que estão no processo de transição para o além, garantindo que elas não se percam e alcancem seu destino pretendido. Para os que permanecem, essas histórias fornecem conforto e a confirmação de que a vida continua além da existência física, e que há entidades celestiais cuidando do percurso das almas.

Cada um desses milagres atribuídos a Metatron não só reforça sua estatura como um poderoso intermediário celestial, mas também sublinha a sua acessibilidade e disposição para intervir em favor da humanidade. Eles são manifestações tangíveis de sua misericórdia e poder, atestando sua dedicação contínua em ajudar os seres humanos em sua busca por proteção, cura, e iluminação espiritual.

A capacidade de Metatron para realizar milagres não se limita a eventos de grande escala; ele também é conhecido por intervir em situações pessoais, tocando a vida das pessoas de maneiras profundamente pessoais e significativas. Essas intervenções, muitas vezes sutis, são tão impactantes quanto as mais espetaculares, pois transformam a vida de uma pessoa de maneira direta e duradoura.

Um exemplo impressionante de um milagre pessoal envolve um indivíduo que enfrentava um período prolongado de desespero e perda de sentido na vida. Após muitas tentativas frustradas de encontrar consolo e compreensão por meio de meios convencionais, a pessoa se voltou para Metatron em oração. Em resposta, o anjo manifestou-se em um sonho, oferecendo palavras de conforto e uma visão simbólica que restaurou a esperança e a direção na vida do indivíduo. A mensagem recebida nesse encontro não apenas aliviou o sofrimento emocional da pessoa, mas também lhe deu um novo entendimento sobre os desígnios divinos e seu próprio papel no mundo.

Metatron também é celebrado por seus milagres de sincronicidade, onde as circunstâncias parecem se alinhar de maneira perfeita para atender às necessidades ou resolver problemas dos indivíduos de forma inesperada. Esses eventos, muitas vezes descritos como pequenos milagres, reforçam a ideia de que o anjo está constantemente presente, guiando e ajustando o curso dos eventos para refletir um plano maior. Seja ajudando alguém a encontrar um objeto perdido que tem grande significado pessoal, seja facilitando um encontro fortuito que leva a uma oportunidade de vida, esses atos de sincronicidade são poderosos lembretes do cuidado contínuo de Metatron.

Além dessas intervenções diretas, os milagres muitas vezes envolvem a capacitação de pessoas para realizarem suas próprias transformações. O Anjo é conhecido por despertar habilidades espirituais latentes nas pessoas, permitindo-lhes acessar níveis mais profundos de consciência e habilidades de cura. Essa capacitação não apenas muda a vida da pessoa envolvida, mas também tem um efeito cascata, beneficiando outros ao redor através de seus recém-descobertos dons e capacidades.

Outro aspecto dos milagres de Metatron é sua habilidade de proteção de perigos iminentes. Há relatos de pessoas que inexplicavelmente se desviaram de um curso de ação que teria resultado em tragédia, com muitos atribuindo essa mudança súbita de planos à influência discreta do anjo. Essa proteção é muitas vezes vista como uma bênção invisível, uma força guardiã que intervém para preservar a vida e o bem-estar daqueles sob sua vigilância.

Ao considerarmos a amplitude dos milagres atribuídos a Metatron, torna-se claro que sua atuação como intermediário vai além de simplesmente transmitir mensagens divinas ou realizar feitos impressionantes. Ele toca as vidas de uma maneira profundamente pessoal e transformadora, atuando como um verdadeiro guardião, guia e mentor para aqueles que buscam sua ajuda. Seja em momentos de necessidade crítica ou em questões cotidianas, o anjo permanece um símbolo de esperança e intervenção divina, sempre pronto para oferecer suporte e direção.

Dentre os diversos milagres atribuídos a Metatron, alguns dos mais notáveis estão relacionados à sua capacidade de inspirar mudanças sociais e espirituais em grande escala. Metatron não só opera ao nível individual, mas também influencia comunidades inteiras, trazendo iluminação e renovação espiritual para muitos ao mesmo tempo.

Um exemplo marcante dessa capacidade ocorreu em uma pequena cidade que estava enfrentando uma crise de fé coletiva, exacerbada por divisões internas e conflitos comunitários. A situação parecia irremediável até que a comunidade se voltou para Metatron, buscando sua intercessão. Em resposta, o anjo manifestou-se de maneira que todos os habitantes da cidade tiveram a mesma visão profunda durante um evento religioso local. Essa experiência compartilhada serviu como um catalisador para a reconciliação e a renovação espiritual, unindo a comunidade e restaurando sua fé e propósito coletivo.

Além de inspirar renovação espiritual, Metatron é também venerado por sua habilidade em proteger contra calamidades naturais e humanas. Existem relatos de vilarejos que foram milagrosamente poupados de desastres naturais após seus habitantes orarem a Metatron, como no exemplo que citamos anteriormente. Essas histórias são frequentemente acompanhadas por relatos de fenômenos inexplicáveis, como mudanças súbitas no clima ou na direção de incêndios florestais, vistos como sinais da intervenção divina.

Metatron também é conhecido por facilitar milagres de reconciliação e paz entre povos e nações em conflito. Seu papel como mediador é crucial em situações diplomáticas delicadas, onde é invocado para suavizar corações endurecidos e abrir caminhos para negociações pacíficas. Em várias ocasiões históricas, intervenções atribuídas a Metatron ajudaram a evitar guerras e promover acordos de paz, reforçando sua reputação como um arcanjo de grande poder e compaixão.

Os milagres de Metatron também se estendem ao reino da criação e inovação. Ele é visto como um patrono dos inventores e pensadores, inspirando-os a desenvolver tecnologias e ideias que beneficiam a humanidade de formas significativas. Muitas inovações importantes, especialmente aquelas que promovem a saúde e o bem-estar, são atribuídas à inspiração divina recebida através de sua influência.

Esses exemplos ilustram a amplitude e profundidade do impacto de Metatron no mundo. Seus milagres não são apenas intervenções pontuais; eles são transformações que têm um alcance duradouro e significativo. Cada ato milagroso do anjo reforça o tecido da sociedade, promovendo não apenas a sobrevivência, mas o florescimento espiritual e material das comunidades ao redor do globo.

A influência e os milagres de Metatron não se restringem apenas a esferas espirituais ou religiosas; eles permeiam também o cotidiano das pessoas, tocando aspectos práticos da vida de maneiras muitas vezes surpreendentes e profundas. Através de suas intervenções, ele demonstra que o divino está intrinsecamente conectado com todos os aspectos da experiência humana.

Um aspecto particularmente tocante dos milagres de Metatron é sua capacidade de trazer conforto e paz a indivíduos que enfrentam o fim da vida ou que estão lidando com a perda de entes queridos. Muitos relatos descrevem como a presença de Metatron em hospitais ou lares durante momentos de passagem tem proporcionado uma transição pacífica e serena tanto para os moribundos quanto para suas famílias. Acredita-se que sua influência ajuda a aliviar o medo e a dor, trazendo uma sensação de aceitação e compreensão sobre o ciclo natural da vida e da morte.

Além disso, os milagres muitas vezes revelam-se em formas de sincronicidades que orientam os indivíduos a fazer escolhas que alteram positivamente o curso de suas vidas. Estas não são coincidências aleatórias; são momentos cuidadosamente orquestrados que parecem conspirar para trazer o melhor resultado possível. Seja ajudando alguém a encontrar o emprego certo no momento certo, seja guiando alguém a se reencontrar com um velho amigo que pode oferecer apoio em um momento crucial, Metatron é visto como o mestre por trás desses encontros significativos.

Ele também é reconhecido por proporcionar milagres que reforçam a conexão entre as pessoas e o ambiente natural. Em várias ocasiões, comunidades que enfrentaram desafios ambientais, como secas ou poluição, testemunharam melhorias significativas após invocarem sua ajuda. Essas intervenções são vistas como um lembrete de que o cuidado com o nosso planeta é uma responsabilidade compartilhada entre a humanidade e o divino, com o anjo atuando como um facilitador dessa parceria sagrada.

Os milagres que lhe são atribuídos nos ensinam que o arcanjo não apenas responde a pedidos de ajuda; ele antecipa as necessidades daqueles que estão sob sua guarda. Seu compromisso em facilitar o bem-estar e a evolução espiritual é um testemunho de sua dedicação inabalável e do amor divino que ele representa. Cada milagre, grande ou pequeno, é uma manifestação de sua presença ativa e de seu desejo de ver todos os seres viverem em harmonia e paz.

Os milagres de Metatron, deixa claro que seu papel como intermediário celestial não é apenas uma posição de poder e autoridade, mas também de profunda empatia e cuidado. Ele não está distante; está profundamente envolvido nas lutas e alegrias da vida humana, oferecendo sua força e orientação de maneiras que transformam o ordinário no extraordinário.

Capítulo 6
O Culto a Metatron

O culto a Metatron, embora não seja tão amplamente reconhecido como o de outros arcanjos, está inserido em tradições e práticas que atravessam diversas culturas e épocas. A veneração de Metatron muitas vezes ocorre em contextos esotéricos e místicos, onde ele é considerado um poderoso intercessor e guia espiritual.

Entre os seguidores da Cabala, Metatron é visto como um dos mais altos arcanjos, associado especialmente ao Sefirah Kether, que representa a coroa e o ponto mais alto da Árvore da Vida. Sua proximidade com o Deus faz dele uma figura central na meditação e em outras práticas que buscam a ascensão espiritual e o entendimento das estruturas celestiais.

Uma das formas mais comuns de culto a Metatron envolve a meditação e a recitação de mantras ou orações que se acredita atraírem sua presença e auxílio. Essas práticas não são apenas rituais de invocação; elas são vistas como meios de alinhar a alma do praticante com as energias superiores, facilitando uma conexão direta com o anjo. Os devotos frequentemente relatam experiências de profundas revelações e sentimentos de paz durante essas práticas, reforçando a crença na eficácia de sua devoção.

Além das práticas meditativas, muitos devotos utilizam amuletos e talismãs que são considerados abençoados com sua proteção. Esses objetos são frequentemente inscritos com símbolos e nomes sagrados associados a Metatron, e são usados para atrair saúde, prosperidade e proteção espiritual. O uso desses amuletos é particularmente popular entre aqueles que se engajam em atividades consideradas espiritualmente arriscadas, como o estudo e a prática de magia cerimonial ou espiritualidade intensa.

As celebrações em honra a Metatron muitas vezes coincidem com datas que têm significado astronômico ou numerológico, refletindo sua conexão com as estruturas fundamentais do universo. Durante esses eventos, são realizados rituais que celebram sua sabedoria e poder, e os participantes buscam sua bênção para novos começos ou para a renovação de seus compromissos espirituais. Essas celebrações podem incluir cantos, danças, oferendas e meditações prolongadas, todas destinadas a honrar Metatron e a integrar suas energias nas vidas dos praticantes.

O impacto do culto a Metatron é também evidente no papel que ele desempenha como um modelo para o serviço espiritual. Seus seguidores frequentemente se veem como parte de uma tradição que não apenas busca o crescimento pessoal, mas também contribui para o bem-estar coletivo. Através do exemplo de Metatron, eles são incentivados a usar seus próprios dons espirituais para ajudar os outros, propagando suas energias curativas e protetoras por meio de ações no mundo material.

As tradições que envolvem o culto a Metatron são tão variadas quanto as culturas que as abraçam, refletindo uma variedade de interpretações e práticas dedicadas a este poderoso arcanjo. Estas tradições não apenas ilustram a veneração, mas também fornecem insights sobre como diferentes comunidades entendem e interagem com o divino através de sua figura.

Em algumas tradições, Metatron é visto como o guardião das escrituras sagradas e dos segredos divinos, o que faz dele um ponto focal em rituais que buscam revelar conhecimentos ocultos ou místicos. Nesses contextos, os rituais dedicados a Metatron frequentemente envolvem complexas cerimônias de iniciação, onde os participantes passam por várias etapas de purificação e iluminação, com o objetivo de se aproximarem do conhecimento sagrado que Metatron protege.

Outro aspecto importante do culto a Metatron envolve sua representação em arte e literatura. Ele é frequentemente retratado em iconografias e textos religiosos como um guerreiro celestial ou um sábio divino, cada representação destacando diferentes aspectos de seu caráter e ministério. Essas representações não são apenas ornamentais; elas servem como focos meditativos para os devotos, ajudando-os a visualizar e a invocar a presença do anjo em suas práticas espirituais.

Além disso, o culto a Metatron inclui a formação de comunidades de fé que se reúnem para estudar seus ensinamentos e celebrar sua influência em suas vidas. Essas comunidades, muitas vezes transnacionais e interconectadas por meio de redes modernas, compartilham recursos, insights e apoio, fortalecendo sua devoção coletiva e seu entendimento particular de Metatron. Dentro dessas comunidades, o anjo é frequentemente invocado em orações coletivas e práticas de grupo, que visam não apenas a veneração, mas também o apoio mútuo e o crescimento espiritual.

Os festivais e dias sagrados dedicados a Metatron são momentos especiais de celebração e reverência. Durante esses períodos, os devotos realizam uma variedade de atividades, desde jejuns e vigílias até festas e serviços comunitários, cada um refletindo diferentes aspectos de sua fé e adoração. Esses eventos são também oportunidades para ensinar sobre Metatron a novas gerações, assegurando que o conhecimento e o respeito por esse arcanjo continuem a florescer.

A prática de peregrinação a locais considerados sagrados para Metatron é outra faceta de seu culto. Tais lugares são frequentemente sítios de manifestações milagrosas passadas ou locais onde se acredita que Metatron tenha oferecido visões ou revelações. Essas peregrinações, além de serem jornadas espirituais, são também oportunidades para os devotos se conectarem mais profundamente ao anjo, buscando sua orientação e bênçãos de uma maneira mais imersiva e concentrada.

O culto a Metatron, com sua diversidade de formas e expressões, demonstra a profundidade e a complexidade de sua figura como intermediário entre o divino e o humano. Ele não apenas serve como um ponto de acesso ao divino, mas também como um catalisador para a expressão espiritual e comunitária, influenciando de maneira significativa a vida dos seus seguidores.

A profundidade da devoção pode ser vista não apenas nas práticas cotidianas e nas celebrações, mas também na forma como ele influencia a arte, a literatura e o pensamento teológico. Essas manifestações culturais oferecem uma visão mais ampla de como o anjo é percebido e reverenciado em diferentes tradições espirituais e religiosas.

Na literatura mística, especialmente dentro do contexto da Cabala e de outros textos esotéricos, Metatron é frequentemente descrito como o "Anjo da Presença", um ser que personifica a imanência de Deus. Esses textos exploram suas interações complexas com o divino e com a humanidade, apresentando-o como uma chave para desvendar os mistérios da existência. Os estudiosos e místicos que se debruçam sobre esses escritos frequentemente encontram neles uma fonte rica de simbolismo e ensinamento espiritual que orienta suas próprias jornadas de fé.

A arte religiosa também desempenha um papel crucial na disseminação do culto a Metatron. Ele é muitas vezes retratado em ícones, pinturas e esculturas usados em locais de adoração e em espaços privados como focos de meditação e devoção. Essas representações artísticas não apenas embelezam os espaços sagrados, mas também servem como lembretes visuais do poder e da presença deste arcanjo. A arte se torna um portal através do qual os devotos podem se conectar ao anjo, recebendo inspiração e conforto.

Além disso, o culto impacta a música e os hinos sagrados em várias tradições. Músicas dedicadas a Metatron ou que invocam sua presença são usadas em liturgias e práticas devocionais, onde serve como um meio de elevar a alma e facilitar uma experiência espiritual mais profunda. Esses hinos e cânticos reforçam a comunidade de fé, unindo os devotos em uma expressão comum de reverência e adoração.

O impacto do culto a Metatron também é evidente na educação religiosa e espiritual, onde ele é frequentemente apresentado como um exemplo de serviço divino e compromisso espiritual. Instrutores e líderes espirituais usam sua figura para ensinar sobre os valores da obediência, da sabedoria e da compaixão, inspirando os fiéis a seguir um caminho de integridade e serviço.

As práticas comunitárias em torno do culto a Metatron muitas vezes incluem atos de caridade e serviço comunitário, onde os devotos são incentivados a manifestar o amor e a misericórdia divina no mundo material. Essas atividades não apenas beneficiam as comunidades locais, mas também reforçam os princípios espirituais que Metatron representa, transformando a devoção em ações concretas que refletem o compromisso dos fiéis com seus ideais. O culto a Metatron, portanto, é uma expressão vibrante e multifacetada da espiritualidade humana. Ele não apenas serve como uma ponte entre o divino e o mundano, mas também inspira uma rica tradição de arte, música, literatura e ação comunitária que enriquece a vida espiritual de seus devotos ao redor do mundo.

O culto é também profundamente enraizado em práticas pessoais que refletem uma relação íntima entre o devoto e o divino. Muitos seguidores de Metatron cultivam práticas diárias que não apenas honram o arcanjo, mas também buscam integrar seus atributos e ensinamentos em suas próprias vidas.

Para os devotos de Metatron, começar o dia com uma oração ou meditação focada em sua figura é uma maneira de assegurar proteção e orientação espiritual. Essas práticas matinais são consideradas essenciais para alinhar a energia do dia com as qualidades de sabedoria e clareza associadas ao anjo. Muitos relatam que esse momento de conexão ajuda a estabelecer um terreno firme para os desafios do dia-a-dia, lembrando-os de sua ligação constante com o divino.

O estudo dos textos sagrados relacionados a Metatron é outra prática central para os que seguem o arcanjo. Dedicar tempo para ler e contemplar essas escrituras permite aos devotos aprofundar seu entendimento dos mistérios espirituais e fortalecer sua conexão. Essa prática é muitas vezes acompanhada de grupos de estudo e discussões comunitárias, onde os seguidores compartilham insights e inspirações derivadas de suas leituras e experiências pessoais.

Os rituais dedicados a Metatron frequentemente incluem oferendas de incenso, velas e outros itens que são considerados agradáveis ao arcanjo. Essas oferendas são uma forma de demonstrar respeito e gratidão por sua constante proteção e orientação. Além disso, esses rituais podem incluir cantos, declamações de mantras e a recitação de orações específicas que invocam sua presença e a bênção.

Embora o culto a Metatron possa ser uma jornada pessoal, ele também possui um forte componente comunitário. Muitas comunidades que veneram Metatron organizam eventos e celebrações regulares que reúnem devotos para honrar o arcanjo. Essas celebrações são oportunidades para fortalecer laços comunitários, compartilhar experiências espirituais e renovar o compromisso coletivo com os caminhos ensinados pelo arcanjo.

Além dessas práticas mais formalizadas, os devotos de Metatron frequentemente buscam maneiras de integrar os ensinamentos e a essência do arcanjo em suas vidas cotidianas. Isso pode envolver a prática de atos de bondade e misericórdia, esforços para trazer harmonia onde há discórdia, e a busca por justiça em situações de injustiça. Essas ações diárias refletem o impacto prático e transformador do culto na vida dos indivíduos e suas comunidades.

Através dessas diversas práticas, o culto transcende o espectro de uma simples veneração; torna-se um caminho de vida, uma forma de navegar o mundo com uma consciência mais elevada e um propósito espiritual claro. Metatron, como um modelo de sabedoria e intermediação divina, continua a inspirar e guiar seus seguidores em sua busca contínua por uma vida mais plena e espiritualmente integrada.

Além das práticas individuais e comunitárias, o culto é marcado por uma profunda reverência por sua capacidade de interceder em assuntos de grande importância espiritual e material. Os devotos frequentemente veem ao arcanjo como um guia essencial em sua jornada espiritual, buscando seu auxílio em momentos de decisão e mudança significativos.

Uma das facetas mais valorizadas de Metatron em seu culto é seu papel como intercessor. Os devotos acreditam que ele tem a capacidade de apresentar suas preces diretamente a Deus, atuando como um mensageiro de suas súplicas e desejos. Essa crença fortalece a confiança dos seguidores em sua proteção e orientação, especialmente em momentos de incerteza ou dificuldade. A intercessão é frequentemente buscada em orações por cura, solução de conflitos e proteção contra males.

Metatron também é associado a rituais de purificação e renovação espiritual. Devido à sua posição elevada como um ser quase divino, ele tem o poder de limpar a energia negativa e restaurar a ordem espiritual. Os devotos podem participar de banhos de purificação, meditações de limpeza e outras práticas que envolvem invocar Metatron para rejuvenescer e revitalizar suas vidas espirituais.

O culto a Metatron também inclui a observância de certos dias sagrados e festivais dedicados a ele. Estas ocasiões são momentos para celebração comunitária, reflexão espiritual e renovação do compromisso com seus ensinamentos. Durante esses festivais, histórias são compartilhadas, lições são revisadas, e a comunidade se une para honrar seu guia celestial com música, dança e oferendas.

Além das práticas devocionais, o culto a Metatron muitas vezes envolve a educação e a disseminação de seus ensinamentos. Isso pode incluir estudos formais em escolas esotéricas, workshops e seminários, ou mesmo a publicação de livros e outros materiais que exploram os aspectos de sua natureza e ministério. Através desses esforços educacionais, o conhecimento é mantido vivo e acessível a novas gerações de devotos.

A prática de transmitir o conhecimento e a veneração por Metatron não apenas enriquece a vida espiritual das pessoas, mas também fortalece a comunidade de fé como um todo. Ela cria uma rede de apoio e uma rica tradição espiritual que continua a inspirar e orientar pessoas em todo o mundo.

O culto a Metatron é um testemunho da duradoura influência desse arcanjo em diversas culturas e tradições espirituais. Suas práticas devocionais, ensinamentos e rituais continuam a oferecer orientação, conforto e inspiração para aqueles que buscam uma conexão mais profunda com o divino. Metatron permanece uma figura central na jornada espiritual de muitos, um guardião da sabedoria celestial e um poderoso intercessor no plano celestial.

Capítulo 7
Práticas Espirituais

Metatron não é apenas um arcanjo de grandes milagres e intercessão; ele também é uma figura central em diversas práticas espirituais que buscam a elevação da consciência e o aprofundamento da conexão com o divino.

Uma das práticas mais comuns associadas é a meditação, particularmente aquelas que envolvem a visualização e a canalização de energias celestiais. Metatron é frequentemente invocado como um guia durante meditações profundas, especialmente aquelas que buscam acessar níveis mais elevados de consciência ou explorar dimensões espirituais mais profundas. Devotos acreditam que, com sua ajuda, podem alcançar estados de consciência que proporcionam clareza, paz interior e insights espirituais.

Metatron é também conhecido como um poderoso protetor espiritual. Muitas práticas envolvem invocá-lo para proteger o indivíduo de energias negativas ou influências prejudiciais. Isso é frequentemente realizado por meio de orações, encantamentos ou a criação de círculos de proteção energizados por sua presença. Essas práticas de proteção são particularmente valorizadas por aqueles que se envolvem em trabalhos espirituais ou paranormais, onde a proteção contra forças desestabilizadoras é crucial.

Como guardião dos conhecimentos celestiais e, muitas práticas espirituais giram em torno do estudo de escrituras e textos sagrados. Os seguidores muitas vezes se dedicam ao estudo intensivo de textos que se acredita terem sido influenciados ou transmitidos pelo arcanjo. Esses estudos podem incluir a exploração de temas complexos como a natureza da alma, o propósito da vida, e a estrutura do cosmos, todos vistos através da lente dos ensinamentos transmitidos pelo arcanjo.

Ele é frequentemente associado com práticas de cura espiritual, pois se acredita que ele possa facilitar a cura não apenas de doenças físicas, mas também de feridas emocionais e espirituais.

As técnicas de cura podem incluir a imposição de mãos, orações de cura, e o uso de símbolos sagrados que carregam a energia curativa de Metatron. Essas práticas são frequentemente acompanhadas por uma profunda sensação de renovação e bem-estar.

Ele também desempenha um papel significativo em rituais de transição, como aqueles que marcam passagens importantes na vida, incluindo nascimentos, casamentos e até a morte. Em tais rituais, o arcanjo é invocado para abençoar os envolvidos e assegurar que a transição ocorra de maneira harmoniosa e protegida. Esses rituais destacam o papel de Metatron como um guia através das várias fases da vida, proporcionando suporte e proteção em momentos de mudança significativa.

Essas práticas espirituais refletem sua versatilidade como um arcanjo que facilita o crescimento pessoal e comunitário em muitos níveis. Cada prática é uma oportunidade para as pessoas se conectarem mais profundamente com o divino e experimentarem a orientação e o amor de Metatron em suas vidas.

O arcanjo é frequentemente associado a rituais de limpeza e consagração, essenciais para manter a pureza dos espaços sagrados e dos indivíduos. Esses rituais envolvem o uso de elementos como água, incenso, e orações específicas que o invocam para purificar e consagrar locais de adoração, objetos religiosos, ou mesmo pessoas. Tais práticas são particularmente importantes antes de eventos espirituais significativos, garantindo que todos os participantes e o ambiente estejam livres de influências negativas e prontos para receber as bênçãos divinas.

Além de guiar meditações para a proteção e cura, Metatron é visto como um facilitador chave na jornada de ascensão espiritual. Ele é considerado uma ponte entre o mundo físico e os reinos espirituais mais elevados. Guias de meditação que o invocam frequentemente focam na ascensão através dos chakras, buscando purificar e alinhar esses centros energéticos para facilitar um despertar espiritual mais profundo. Essas práticas são destinadas a ajudar os praticantes a transcender as limitações terrenas e acessar estados mais elevados de consciência.

A sabedoria do arcanjo é também disseminada por meio de ensinamentos formais e workshops que abordam diversos aspectos de sua energia e como trabalhar com ela. Esses eventos educacionais são oportunidades para aprofundar o conhecimento sobre Metatron, aprender técnicas específicas para invocar sua presença, e entender melhor sua influência em várias áreas da vida. Instrutores espirituais que se especializam na energia de Metatron oferecem insights sobre como integrar suas qualidades em práticas diárias de vida e espiritualidade.

Metatron também é conhecido por sua habilidade de se comunicar por meio de médiuns e canalizadores. Práticas de canalização que o envolvem podem incluir mensagens diretas deste arcanjo, oferecendo orientação, conforto e previsões para o futuro. Essas sessões de canalização são momentos poderosos de comunicação espiritual, onde os participantes podem sentir uma conexão direta com o divino através das palavras e energia do arcanjo.

Trabalhar com Metatron pode envolver o desenvolvimento da intuição e da percepção espiritual. Devotos e praticantes espirituais muitas vezes buscam sua ajuda para afinar suas habilidades psíquicas e espirituais, permitindo-lhes perceber sutilezas do mundo espiritual com maior clareza e precisão. Essas habilidades são cruciais para aqueles envolvidos em práticas espirituais avançadas e podem ser enormemente potencializadas por sua orientação.

Essas diversas práticas espirituais não apenas ilustram a multifuncionalidade de Metatron como guia e protetor espiritual, mas também destacam sua acessibilidade para aqueles que buscam profundidade e autenticidade em sua jornada espiritual. Através dessas práticas, o arcanjo continua a inspirar, curar e elevar aqueles que o invocam, enriquecendo suas vidas com sabedoria celestial e amor divino.

Metatron é frequentemente associado com a natureza e os elementos, sendo invocado em cerimônias que buscam harmonizar o ser humano com o ambiente natural. Essas cerimônias podem incluir caminhadas em locais sagrados, rituais ao ar livre que utilizam elementos naturais como água, pedras e plantas, e meditações focadas na energia da Terra. Os devotos acreditam que o arcanjo ajuda a fortalecer essa conexão com o mundo natural, o que é essencial para a saúde espiritual e física.

Outra faceta importante das práticas espirituais relacionadas envolve a libertação e cura ancestral. Muitos seguidores recorrem a ele para resolver problemas ou traumas que são passados de geração em geração. Por meio de rituais de cura, meditações guiadas e orações, Metatron é chamado para auxiliar na liberação desses padrões ancestrais, promovendo a cura não apenas do indivíduo, mas de toda a linhagem familiar. Essa prática é vista como vital para a liberação de cargas emocionais e espirituais que podem afetar a vida presente.

Metatron também é venerado por sua capacidade de guiar os fiéis por meio de jornadas de visão e sonhos lúcidos. Praticantes avançados que trabalham com ele muitas vezes relatam experiências onde ele aparece em seus sonhos ou meditações, oferecendo direção, revelando mensagens profundas ou conduzindo-os a outras dimensões. Essas experiências são consideradas altamente transformadoras, capazes de alterar a percepção da pessoa sobre a realidade e seu propósito de vida.

Além das práticas que focam na proteção e iluminação, o culto enfatiza o desenvolvimento da compaixão e da sabedoria universal. Seguidores são encorajados a incorporar essas qualidades em suas vidas diárias, buscando viver de maneira que reflita os princípios de amor incondicional e entendimento profundo que Metatron exemplifica. Isso pode envolver atos de bondade aleatórios, voluntariado, ou simplesmente abordar situações cotidianas com uma postura mais centrada e consciente.

Muitos devotos participam de retiros espirituais dedicados ao arcanjo, onde passam dias ou até semanas em imersão completa em práticas que honram e invocam sua presença. Esses retiros oferecem uma oportunidade de se afastar das distrações do mundo moderno e aprofundar a conexão espiritual através da oração intensiva, estudo, meditação e comunhão com outros seguidores.

Essas práticas espirituais mostram como Metatron é percebido e reverenciado como um guia poderoso e multifacetado, capaz de influenciar profundamente a jornada espiritual de seus seguidores. Por meio dessas práticas, os devotos buscam não apenas o crescimento pessoal, mas também uma maior harmonia com o universo e uma compreensão mais profunda dos mistérios divinos.

O Arcanjo também é frequentemente associado ao conhecimento oculto e às práticas de adivinhação, sendo considerado um mestre dos mistérios divinos que pode revelar segredos escondidos e oferecer clareza sobre o futuro. Devotos e praticantes de artes místicas utilizam várias formas de adivinhação, como tarô, astrologia e numerologia, invocando Metatron para guiar suas interpretações e decisões. Acredita-se que sua presença aumenta a precisão e a profundidade das leituras, conectando os praticantes a uma fonte divina de sabedoria.

Metatron é também invocado em rituais de transformação pessoal, onde os participantes buscam alterar aspectos significativos de suas vidas. Esses rituais podem incluir a superação de vícios, a mudança de comportamentos prejudiciais ou o desenvolvimento de novas habilidades e talentos. O Arcanjo é visto como um catalisador para a mudança, fornecendo a energia e o suporte necessários para que as pessoas possam realizar suas aspirações e melhorar suas condições de vida.

A manutenção do equilíbrio energético é outra área onde as práticas associadas a Metatron são particularmente valorizadas. Ele é considerado um especialista na harmonização dos campos energéticos, ajudando a equilibrar os chakras e a limpar a aura. Práticas como a colocação de cristais, o uso de aromaterapia e sessões de Reiki muitas vezes incluem invocações a Metatron para potencializar os efeitos dessas técnicas e promover um estado de bem-estar e harmonia interior.

Ele também é celebrado em sincronia com importantes ciclos cósmicos, como equinócios, solstícios e alinhamentos planetários. Durante esses períodos, realizam-se cerimônias e meditações especiais para honrar a influência de Metatron na ordem cósmica e buscar sua orientação para entender as energias em jogo. Tais celebrações são vistas como momentos potentes para a conexão espiritual e a recalibração pessoal, alinhando os participantes com as forças maiores do universo.

O culto frequentemente leva ao desenvolvimento de comunidades espirituais onde ensinamentos e práticas são compartilhados e vividos coletivamente. Essas comunidades não só oferecem suporte e orientação mútuos, mas também servem como espaços de crescimento espiritual e transformação. Através da comunidade, os ensinamentos de Metatron são disseminados mais amplamente, tocando mais vidas e ampliando o impacto de suas práticas espirituais.

As práticas espirituais associadas são diversas e profundamente enriquecedoras, oferecendo caminhos variados para aqueles que buscam aprofundar sua compreensão e conexão com o divino. Por meio dessas práticas, Metatron continua a ser uma fonte de inspiração e um guia para muitos, ajudando-os a navegar os desafios da vida com maior sabedoria e equilíbrio.

Uma prática espiritual fundamental associada é a criação e manutenção de espaços sagrados. Esses locais são dedicados à meditação, oração e rituais que invocam a presença do arcanjo para proteção e iluminação. Espaços sagrados podem variar desde pequenos altares em residências até grandes templos em comunidades. Os devotos acreditam que esses espaços fortalecem a conexão, facilitando um fluxo contínuo de energia divina e promovendo um ambiente de paz e espiritualidade.

Metatron é honrado em várias datas comemorativas que possuem significados especiais baseados em tradições antigas ou revelações modernas. Durante esses festivais, são realizadas cerimônias que podem incluir danças, cantos, oferendas e rituais de purificação. Esses eventos servem não apenas para reafirmar a fé dos participantes, mas também para revitalizar a comunidade com sua energia sagrada, criando momentos de união e celebração coletiva.

O uso de orações diárias e mantras específicos para é uma prática comum entre seus devotos. Essas orações são muitas vezes recitadas no início e no fim do dia, e servem para pedir orientação, proteção e sabedoria. Os mantras, por sua vez, são usados para alinhar a mente e o espírito com as qualidades de Metatron, ajudando os praticantes a manterem-se focados em seus objetivos espirituais e a viverem segundo os princípios divinos.

Retiros espirituais dedicados oferecem aos devotos uma oportunidade de se afastar das distrações do dia a dia e mergulhar mais profundamente em sua prática espiritual. Nestes retiros, os participantes engajam-se em uma série de atividades como workshops, palestras, meditações guiadas e sessões de cura, todas projetadas para fortalecer sua conexão com Metatron e explorar novas dimensões de sua fé.

Muitos seguidores são motivados a realizar serviços comunitários e atos de caridade, vendo essas ações como uma extensão de sua prática espiritual. Esses atos são inspirados pelos ensinamentos de Metatron sobre compaixão e serviço ao próximo, e são considerados uma forma concreta de manifestar suas bênçãos no mundo material.

As práticas espirituais associadas a Metatron são uma expressão de um compromisso profundo com o crescimento espiritual e o serviço divino. Por meio dessas práticas, os devotos buscam não apenas a própria iluminação, mas também contribuir para o bem-estar do mundo, espalhando as virtudes de sabedoria, compaixão e paz que Metatron exemplifica. Através de suas atividades diárias, rituais e celebrações, os seguidores continuam a trazer sua energia e presença sagrada para a realidade de suas vidas, criando uma ponte contínua entre o céu e a terra.

Capítulo 8
A Proteção de Metatron

Na espiritualidade e crença angélica, Metatron se destaca como um bastião de proteção. Reverenciado como o "Anjo da Presença", sua habilidade em oferecer proteção aos que buscam sua ajuda é tão venerada quanto seus outros papéis celestiais.

Metatron é frequentemente descrito como o grande arcanjo cuja energia transcende o entendimento comum, posicionado como uma força de proteção contra o mal e a negatividade. Em muitas tradições místicas e espirituais, é ensinado que invocar sua proteção fortalece as defesas espirituais de uma pessoa, protegendo-a contra influências malignas e até afastando entidades negativas.

A prática de invocar Metatron para proteção geralmente envolve rituais específicos ou orações. Estes rituais muitas vezes começam com a limpeza do espaço físico e espiritual, usando elementos como sal, água benta ou incenso, que são considerados purificadores potentes. Segue-se a declamação de orações específicas ou mantras para chamar a atenção de Metatron, permitindo que sua presença e poder preencham o ambiente ou a vida da pessoa que busca proteção.

Os ensinamentos que lhe são atribuídos sobre proteção, não são apenas mecanismos reativos para afastar o mal; eles também enfatizam a importância da prevenção e da manutenção de um estado de pureza espiritual. O Arcanjo ensina que a verdadeira proteção começa com o autoconhecimento e a autodisciplina, e que manter pensamentos, palavras e ações alinhadas com a luz divina é a melhor defesa contra as trevas.

Em histórias compartilhadas por aqueles que acreditam ter sido protegidos por Metatron, encontra-se uma variedade de experiências, desde a sensação de uma presença reconfortante durante momentos de medo até intervenções milagrosas em situações de perigo físico iminente. Essas narrativas reforçam a fé em sua capacidade de proteger e serve como testemunho do seu papel vital como um guardião celestial.

A eficácia da proteção de Metatron é muitas vezes ligada à sua capacidade de operar em várias dimensões simultaneamente, atuando como um guardião que não apenas defende contra ameaças percebidas, mas também fortalece a estrutura espiritual da pessoa. Isso é conseguido por meio de um aprofundamento da conexão espiritual, que ajuda a pessoa a alcançar um estado de consciência mais elevado onde as vibrações negativas têm menor impacto.

Um aspecto fundamental das práticas de proteção associadas é o uso de símbolos e geometria sagrada. Metatron é frequentemente associado ao "Cubo de Metatron", um símbolo geométrico que representa o campo de energia ao redor do corpo e é usado para limpar e iluminar o ambiente espiritual. Acredita-se que este cubo atue como um escudo, filtrando negatividades e impurezas e mantendo a integridade energética da pessoa.

Para os devotos, a prática de visualizar o Cubo de Metatron ao redor do próprio corpo é um exercício poderoso. Isso é frequentemente feito em meditação, onde a pessoa imagina o cubo girando, sua energia purificadora desmantelando qualquer negatividade ou bloqueio que possa estar presente. Essa visualização não apenas fortalece a proteção pessoal, mas também serve para elevar a vibração espiritual do praticante, aproximando-o das frequências celestiais.

Além disso, Metatron é invocado em situações que requerem proteção para além do individual, como em eventos de grupo ou projetos que buscam promover a paz e o bem-estar coletivos. Sua presença é considerada essencial para garantir que as energias reunidas sejam harmonizadas e direcionadas para fins construtivos, evitando interferências ou influências espirituais adversas.

A proteção oferecida por Metatron também se estende a lugares. Muitas tradições espirituais dedicam espaços específicos para a adoração ou invocação, criando santuários onde a energia protetora do arcanjo pode ser constantemente sentida. Esses espaços sagrados são frequentemente pontos de peregrinação para aqueles que buscam refúgio espiritual ou fortalecimento de sua fé e defesas espirituais.

As invocações, particularmente aquelas relacionadas à proteção, são enriquecidas com rituais que usam elementos físicos e simbólicos para reforçar o pedido de segurança. Estes rituais muitas vezes incluem a queima de incenso ou ervas sagradas, cuja fumaça carrega as orações dos fiéis diretamente para Metatron. Além disso, o uso de velas coloridas — especialmente brancas ou azuis — é comum, simbolizando a pureza e a verdade divina que o arcanjo representa.

Essas práticas são frequentemente acompanhadas de cânticos ou recitações de salmos e outros textos sagrados que mencionam a proteção. Estes textos são escolhidos por suas vibrações elevadas e sua capacidade de conectar o praticante mais diretamente com o reino celestial. Ao verbalizar essas palavras sagradas, acredita-se que o indivíduo esteja tecendo uma ligação mais forte com Metatron, facilitando assim uma resposta mais poderosa.

O arcanjo também é conhecido por sua capacidade de interceder em momentos de crise ou perigo iminente. Existem numerosos testemunhos de pessoas que, tendo invocado Metatron em um momento de grande necessidade, experimentaram mudanças inexplicáveis e muitas vezes milagrosas que as levaram à segurança. Estas experiências são frequentemente descritas como sensações de uma presença poderosa e tranquilizadora que proporciona clareza mental e calma, permitindo que as soluções para os problemas emergissem claramente.

No contexto da proteção espiritual, Metatron é visto como um mentor que ensina como os seres humanos podem fortalecer suas próprias barreiras espirituais. Através de suas orientações, ele mostra como a manutenção de um campo áurico limpo e forte não só repele influências negativas como também atrai forças positivas. Essa educação espiritual é crucial, pois capacita as pessoas a assumirem um papel mais ativo na manutenção de sua integridade espiritual.

A proteção oferecida por Metatron transcende as circunstâncias individuais, estendendo-se aos esforços globais de paz e cura. Em um mundo muitas vezes tumultuado por conflitos e desordem, sua presença protetora é invocada em rituais e cerimônias que buscam harmonizar energias globais e inspirar reconciliação e entendimento mútuo entre povos.

Além das práticas individuais de proteção, Metatron é frequentemente central em celebrações e festivais que reúnem comunidades para fortalecer a proteção coletiva. Estes eventos são momentos de grande energia espiritual, onde os participantes compartilham não apenas rituais, mas também testemunhos pessoais das intervenções de Metatron em suas vidas, reforçando a fé e a conexão comunitária.

Um elemento comum nesses encontros é a criação de altares ou espaços sagrados dedicados ao arcanjo. Estes espaços são adornados com símbolos associados, como o Cubo de Metatron e imagens ou estátuas que representam sua figura. Os participantes trazem oferendas que podem incluir flores, pedras preciosas, e escrituras que são consideradas de grande significado espiritual, criando um ambiente vibrante de adoração e respeito.

Dentro dessas reuniões, é comum a realização de meditações guiadas que visam conectar os participantes diretamente com a energia de Metatron. Durante estas sessões, guiadas por líderes espirituais experientes, os participantes são levados por meio de viagens visuais que exploram a proteção espiritual em profundidade. Tais meditações são projetadas para deixar uma impressão duradoura, equipando os indivíduos com ferramentas mentais e espirituais que podem invocar em tempos de necessidade.

Além das práticas formais, o ensino sobre como manter uma relação diária com Metatron é também uma parte crucial destes encontros. Os participantes são encorajados a integrar pequenos rituais em suas rotinas diárias, como recitar breves orações ao acordar, ou antes, de dormir, para manter-se em conexão constante. Tais práticas ajudam a estabelecer um senso de segurança e proteção que permeia a vida cotidiana.

Estas comunidades muitas vezes compartilham histórias de como a proteção se manifestou de maneiras tangíveis em suas vidas. Seja por meio de coincidências felizes que evitaram desastres, seja por momentos de clareza que os guiaram a tomar decisões seguras, esses relatos reforçam a crença no poder de Metatron e inspiram novos membros a buscar sua proteção.

A celebração de Metatron como protetor é um testemunho da universalidade do desejo humano por segurança e apoio espiritual. Ele é visto não apenas como um guardião contra o mal, mas como um símbolo da presença constante do divino nas vidas das pessoas, um lembrete de que não estão sozinhas nas suas lutas e que sempre podem buscar refúgio na sua proteção divina.

Para além dos encontros comunitários e rituais, a influência de Metatron na proteção se estende às esferas mais pessoais e íntimas. Pessoas muitas vezes relatam experiências onde sentiram uma intervenção direta do arcanjo em momentos de perigo físico ou espiritual, como acidentes evitados milagrosamente ou recuperações surpreendentes de doenças graves. Essas experiências pessoais reforçam a fé no poder de Metatron e no seu papel como protetor celestial.

A prática de portar símbolos, como pingentes ou amuletos do Cubo de Metatron, é comum entre os devotos. Acredita-se que esses objetos atuem como condutores de energia, proporcionando uma camada adicional de proteção contra forças negativas e promovendo a saúde e o bem-estar. Os usuários desses amuletos frequentemente relatam um sentido aprimorado de segurança e calma, atribuindo essas sensações à presença e à bênção do arcanjo.

Metatron também é visto como um protetor das crianças, com muitos pais invocando sua proteção sobre seus filhos. Ensina-se que sua presença guarda os jovens de perigos físicos e influências negativas, enquanto simultaneamente orienta seu crescimento espiritual e moral. As orações pedindo pela segurança das crianças são um testamento do seu papel abrangente como guardião de todos os vulneráveis.

Dentro do contexto educacional e de crescimento pessoal, Metatron é frequentemente chamado para orientar e proteger aqueles em jornadas de autoconhecimento e transformação espiritual. Ele é considerado um guia que não só protege contra enganos e desvios, mas também ilumina o caminho com sabedoria e clareza, assegurando que os aprendizados sejam seguros e frutíferos.

Capítulo 9
Metatron e a Cura

Dentre as diversas facetas do Arcanjo Metatron, sua capacidade de facilitar a cura espiritual e física é uma das mais reverenciadas, ele auxilia no processo de restauração da saúde, no equilíbrio energético e na promoção do bem-estar geral.

Metatron é frequentemente associado com a cura energética, particularmente através do uso da Geometria Sagrada, a qual é dita conter padrões que ressoam com as estruturas mais profundas do universo. O Cubo de Metatron, em particular, é uma ferramenta poderosa nesta prática. Ele é usado como um mapa ou uma chave para acessar e corrigir desequilíbrios nos campos energéticos do corpo.

A atuação de Metatron no campo da cura vai além do simples ajuste energético. Ele é considerado um mestre que transmite sabedoria sobre a natureza holística da saúde, enfatizando a interconexão entre o corpo, a mente e o espírito. Segundo os ensinamentos associados a ele, a verdadeira cura ocorre quando esses três componentes estão em harmonia.

Um dos principais métodos através dos quais o arcanjo promove a cura é ajudando as pessoas a acessar e liberar traumas emocionais antigos que podem estar causando bloqueios energéticos ou doenças físicas. Ele faz isso iluminando as sombras interiores com sua luz purificadora, guiando as pessoas por meio de um processo de entendimento e reconciliação com seu passado.

Além disso, é invocado em práticas de meditação que visam a cura. Durante essas meditações, os praticantes muitas vezes visualizam a luz de Metatron, uma luz brilhante e curativa, envolvendo-os e penetrando áreas do corpo ou da mente que necessitam de cura. Esta luz é dita para trabalhar em um nível celular, promovendo a regeneração e revitalização.

Metatron não só ajuda na cura, mas também é visto como um curador de situações e locais. Sua energia pode ser invocada para purificar ambientes, dissipando energias negativas e restaurando um estado de equilíbrio e paz. Isso é especialmente relevante em locais que sofreram traumas ou que são frequentemente palco de tensões e conflitos.

Sua influência é também buscada em terapias complementares e holísticas. Terapeutas que trabalham com reiki, cristaloterapia e outras formas de cura energética muitas vezes chamam por Metatron para potencializar seus tratamentos, pois sua presença amplifica a eficácia das técnicas utilizadas, ajudando no alinhamento dos chakras e na remoção de bloqueios energéticos.

Os ensinamentos de Metatron sobre a cura também abordam a importância da autoaceitação e do amor-próprio. Ele ensina que muitas doenças físicas e desequilíbrios emocionais surgem da falta de harmonia interior e da rejeição de partes de si. O arcanjo encoraja todos a olharem para dentro com honestidade e compaixão, entendendo que a cura muitas vezes começa com a aceitação de si e o perdão pelas falhas percebidas.

Outro aspecto fundamental da cura é a conexão com a natureza. Ele sugere que o contato regular com o mundo natural pode ser profundamente curativo, pois a Terra possui uma capacidade intrínseca de restauração e renovação. Caminhadas na natureza, meditação ao ar livre e jardinagem são algumas das atividades recomendadas para aqueles que buscam a cura.

Além disso, o arcanjo é conhecido por sua habilidade de interceder pelos doentes em momentos de oração e ritual. Muitos fiéis relatam milagres e recuperações inexplicáveis após pedirem sua ajuda. Essas histórias não só reforçam a fé na sua capacidade de curar, mas também contribuem para a compreensão de que a cura pode ocorrer de maneiras misteriosas e muitas vezes não convencionais.

Na prática espiritual, sua figura é frequentemente associada à cura por meio de orações e invocações específicas. Essas orações são utilizadas para pedir não apenas alívio de doenças físicas, mas também cura emocional e espiritual. Acredita-se que, ao recitar essas orações com fé e foco, a pessoa pode canalizar a energia curativa diretamente para onde é mais necessário.

Um componente chave dessas práticas é a intenção clara e a visualização. Ensinamentos associados enfatizam a importância de visualizar a energia de cura permeando todas as partes do corpo ou da situação que necessita de atenção. Esta técnica de visualização não apenas foca a mente, mas também é pensada para ativar a própria capacidade do corpo de se curar, alinhando-a com as frequências curativas.

Metatron também é visto como um guia para aqueles que estão passando por processos de cura prolongados. Ele oferece paciência e compreensão, lembrando que a cura é muitas vezes um processo e que cada passo no caminho é importante. Esta perspectiva ajuda aqueles em recuperação a manterem uma visão positiva e a entenderem que cada momento de dificuldade é também uma oportunidade para crescimento e aprendizado.

A cura com Metatron também abrange o equilíbrio dos sistemas emocional e mental. Em uma era onde o estresse e a ansiedade são prevalentes, as técnicas de cura inspiradas pelo arcanjo oferecem uma forma de alívio e restauração. Meditações guiadas que envolvem sua invocação ajudam a acalmar a mente, reduzindo o estresse e promovendo uma sensação de paz interior.

Além disso, Metatron encoraja a cura comunitária, sugerindo que os esforços para curar têm melhores resultados quando apoiados por uma comunidade de cuidado e suporte. Ele promove a ideia de que ambientes comunitários onde as pessoas podem compartilhar suas experiências e desafios são essenciais para a cura holística, pois oferecem não apenas apoio emocional, mas também fortalecem a rede de energia curativa compartilhada.

Além das abordagens individuais e comunitárias para a cura, Metatron também é venerado por sua capacidade de conectar os praticantes com as dimensões espirituais mais elevadas, onde a cura ocorre em um nível mais profundo e transformador. Este aspecto de sua intercessão é particularmente valorizado por aqueles que praticam formas avançadas de meditação e busca espiritual.

Através dessas práticas, os seguidores frequentemente relatam experiências de ascensão espiritual onde encontram visões e mensagens que têm implicações diretas para sua cura e desenvolvimento pessoal. Estas experiências não são vistas apenas como curativas, mas também como oportunidades de receber orientações diretas sobre como aplicar os insights espirituais na vida diária para promover a cura e o equilíbrio.

Metatron é frequentemente descrito nos textos sagrados como um ser de luz intensa, cuja presença pode purificar e revitalizar os que o invocam. Esta característica é especialmente significativa em contextos de cura, onde sua "luz" é invocada para dissolver sombras de doença, dúvida ou desequilíbrio. Os praticantes utilizam visualizações onde essa luz envolve o corpo ou a mente, limpando e energizando cada célula e pensamento.

Dentro do espectro de sua influência, o arcanjo também é reconhecido por sua capacidade de interceder em casos de desequilíbrios graves, sejam eles de origem espiritual, emocional ou física. Suas intervenções são vistas como poderosamente transformadoras, capazes de alterar radicalmente o curso das condições de saúde, direcionando as pessoas de volta ao caminho da saúde integral.

O papel de Metatron como um curador é complementado por sua habilidade de ensinar os seres humanos a sustentar sua própria saúde e bem-estar através do conhecimento e prática espiritual. Ele não apenas intervém em momentos de crise, mas também oferece ensinamentos que capacitam as pessoas a manterem seu equilíbrio e harmonia, evitando futuras perturbações de saúde.

A capacidade de Metatron para oferecer cura é amplamente reconhecida através de suas associações com o conhecimento antigo e práticas esotéricas. Ele é visto como um guardião de segredos antigos e métodos de cura que têm sido passados ao longo de gerações, alguns dos quais remontam aos tempos bíblicos e são integrados às modernas práticas holísticas.

A essência da cura através também envolve ajudar as pessoas a se reconhecer e se alinhar com o propósito de sua alma. Este alinhamento muitas vezes resulta em uma cura profunda, pois permite que a pessoa viva de maneira mais autêntica e verdadeira com seu eu interior, promovendo assim um estado de saúde e bem-estar que permeia todos os aspectos de sua vida.

Metatron também enfatiza a importância da energia do amor e do perdão como poderosas ferramentas de cura. Ele ensina que muitas doenças físicas e espirituais surgem de bloqueios emocionais e ressentimentos mantidos. Ao promover o amor e o perdão, seja por meio de meditações guiadas ou ensinamentos diretos, ele ajuda na liberação desses bloqueios, facilitando uma cura mais profunda e duradoura.

Além disso, o arcanjo é considerado um mestre da cura à distância. Ele pode ser invocado por praticantes que trabalham para enviar energia curativa a pessoas que não estão fisicamente presentes. Esta prática é especialmente valiosa em tempos onde a necessidade de cura transcende as barreiras geográficas, permitindo que a assistência espiritual alcance aqueles que precisam, independentemente de onde estejam no mundo.

A influência de Metatron no campo da cura espiritual e física é um testamento à sua posição como uma ponte entre o divino e o humano. Sua capacidade de trazer cura é não apenas um reflexo de seu poder celestial, mas também de seu profundo compromisso com o bem-estar da humanidade. Ele serve não apenas como um curador, mas como um guia que acompanha cada pessoa em sua jornada de volta à plenitude e harmonia.

Capítulo 10
Iluminação Espiritual

Dentre as muitas atribuições deste poderoso arcanjo, sua capacidade de guiar os seres humanos rumo à iluminação espiritual é talvez uma das mais elevadas e sagradas, ele ajuda as pessoas e comunidades a alcançar níveis mais profundos de compreensão espiritual, iluminando os caminhos que conduzem à verdade e ao conhecimento divino.

Metatron é frequentemente associado à Árvore da Vida, um conceito cabalístico que simboliza a estrutura do universo e o processo de criação. Sua proximidade com o trono divino e seu papel como o escriba celestial fazem dele um guia excepcional para aqueles que buscam compreender os mistérios mais profundos da existência. Ele é visto como um facilitador no acesso às esferas superiores de conhecimento, ajudando os estudiosos e místicos a navegarem pelos complexos caminhos da espiritualidade.

A jornada para a iluminação espiritual muitas vezes começa com o autoconhecimento. O Arcanjo encoraja os indivíduos a mergulharem profundamente em si, confrontando e integrando suas sombras para alcançar uma compreensão mais completa de seu próprio ser. Este processo interno é crucial, pois a verdadeira iluminação surge da harmonia entre o conhecimento de si e o entendimento do cosmos.

Metatron também ensina a importância da meditação e da oração como ferramentas para alcançar a iluminação. Ele orienta os praticantes na utilização dessas práticas não apenas como meios de comunicação com o divino, mas como veículos para transformar a consciência e perceber as realidades mais elevadas. As meditações guiadas por Metatron muitas vezes envolvem visualizações de luz e energia subindo através dos chakras, purificando-os e ativando uma conexão direta com o divino.

Além das práticas individuais, Metatron é conhecido por influenciar movimentos espirituais e despertares em grande escala. Ele atua como uma força catalisadora em momentos de grande transformação espiritual, quando comunidades ou mesmo sociedades inteiras estão prontas para ascender a um novo nível de consciência. Seu papel nessas transições é fortalecer a rede de energia espiritual e garantir que as mudanças ocorram de maneira alinhada com os planos divinos.

Na busca pela iluminação espiritual, Metatron muitas vezes apresenta aos praticantes o conceito de "despertar espiritual", que é um processo de reconhecimento e aceitação da própria divindade inerente e da conexão intrínseca com o universo. Ele guia os indivíduos através deste despertar, ajudando-os a dissolver as ilusões do ego e a perceber a verdadeira essência de sua alma.

O arcanjo ensina que a iluminação não é um estado de chegada, mas um processo contínuo de crescimento e expansão da consciência. Ele incentiva uma abordagem de aprendizado constante, onde cada experiência e cada revelação são vistas como passos no caminho evolutivo do espírito. Esta visão ajuda os praticantes a manterem uma mente aberta e um coração disposto a receber novas lições.

Para facilitar este processo, Metatron oferece ferramentas e conhecimentos que permitem às pessoas limpar seus caminhos espirituais de obstáculos e barreiras. Ele introduz práticas energéticas que ajudam a limpar o campo áurico, a equilibrar os chakras e a fortalecer a conexão espiritual, o que, por sua vez, melhora a capacidade de receber e interpretar as mensagens divinas com clareza.

Um aspecto importante das orientações de Metatron sobre iluminação é a integração do divino no cotidiano. Ele enfatiza que a espiritualidade não deve ser separada das atividades diárias, mas que cada ação e decisão devem ser impregnadas com consciência e presença. Isso inclui práticas como a atenção plena, a gratidão e o serviço aos outros, que são formas de manifestar a espiritualidade de maneira prática e tangível.

Metatron também aborda a importância das relações humanas como parte do caminho para a iluminação. Ele ensina que as interações com outras pessoas são oportunidades valiosas para prática espiritual, oferecendo chances de exercitar a compaixão, o perdão e o amor incondicional. Esses valores são fundamentais para o crescimento espiritual e são encorajados por Metatron como essenciais para quem busca uma compreensão mais profunda da vida espiritual.

Metatron encoraja os praticantes a explorar diversas tradições espirituais e filosóficas como uma forma de enriquecer sua jornada de iluminação. Ele enfatiza que a verdade pode ser encontrada em muitos caminhos e que a abertura para diferentes perspectivas pode proporcionar uma compreensão mais abrangente do divino e de si. Este ecletismo espiritual é visto como uma força, permitindo uma visão mais inclusiva e integrada da espiritualidade.

Outro aspecto relevante que é a conexão entre a iluminação espiritual e a responsabilidade ecológica. Ele ensina que o cuidado com o planeta é um reflexo do cuidado com o próprio espírito, pois tudo está interligado. Assim, práticas que promovem a sustentabilidade e o respeito pelo meio ambiente são também práticas espirituais, contribuindo para a harmonia no mundo e facilitando o processo de iluminação pessoal.

Metatron também é conhecido por proporcionar experiências de "noite escura da alma", momentos de grande desafio e introspecção cruciais para o crescimento espiritual. Ele guia os indivíduos através dessas fases, ajudando-os a enfrentar e superar suas sombras internas. Esses períodos, embora difíceis, são apresentados por Metatron como oportunidades valiosas para purificação e renovação espiritual.

A figura do arcanjo como guia espiritual é especialmente atraente para aqueles que buscam não apenas entender o espiritual de forma teórica, mas também experimentá-lo de forma profunda e transformadora. Ele não oferece apenas conhecimento, mas também vivências que desafiam e expandem a percepção espiritual dos buscadores.

Além disso, Metatron promove a prática da escrita e do estudo como métodos para aprofundar a iluminação espiritual. Ele incentiva os praticantes a registrarem suas experiências e revelações, estudarem textos sagrados e se engajarem em discussões filosóficas como formas de solidificar e expandir seu entendimento espiritual.

A prática da contemplação e da reflexão é outro pilar fundamental nas orientações de Metatron para a iluminação espiritual. Ele aconselha que momentos de quietude e silêncio são essenciais para permitir que a sabedoria divina se manifeste no interior de cada um. Estes momentos de introspecção não são apenas pausas na rotina diária, mas oportunidades verdadeiras para se conectar com o divino de maneira mais íntima e profunda.

Metatron ensina que a iluminação espiritual também envolve a capacidade de ver além das aparências e reconhecer a luz divina em todas as criaturas e objetos. Este reconhecimento conduz a uma experiência de unidade com todo o universo, onde as divisões e separações típicas do mundo material começam a se dissolver.

No caminho para a iluminação, Metatron enfatiza a importância da resiliência e da persistência. A jornada espiritual é muitas vezes marcada por desafios e testes, e a capacidade de manter o curso, apesar das dificuldades, é crucial. O Arcanjo serve como um suporte durante esses tempos, oferecendo sua força e proteção para ajudar os buscadores a perseverarem em sua busca pela verdade.

A influência de Metatron é também instrumental na ativação de dons espirituais como a clariaudiência, a clarividência e a intuição. Estes dons são vistos como ferramentas importantes para aprofundar o entendimento espiritual e para melhor navegar pelo caminho da iluminação. Metatron ajuda os indivíduos a desenvolverem essas habilidades, garantindo que sejam usadas de maneira sábia e alinhada aos objetivos espirituais mais elevados.

O arcanjo também encoraja uma abordagem equilibrada à iluminação espiritual, onde a ascensão espiritual é harmonizada com a vida terrena. Ele ensina que a verdadeira iluminação não requer renúncia ao mundo, mas uma integração mais consciente e sagrada da espiritualidade no dia a dia. Este equilíbrio ajuda os praticantes a viverem de maneira mais plena e significativa, enquanto continuam sua jornada espiritual. É crucial reconhecer o papel do amor e da compaixão como fundamentos desse processo.

Metatron ensina que o amor divino é a força mais transformadora do universo e que cultivar uma conexão profunda com esse amor é essencial para alcançar a iluminação. A compaixão, como uma expressão desse amor, é vista como uma chave para desbloquear níveis mais profundos de consciência e empatia universais.

O arcanjo também destaca a importância da gratidão no caminho espiritual. Ele aconselha que reconhecer e agradecer pelas bênçãos da vida cria uma ressonância que atrai ainda mais luz e sabedoria divinas. Esta prática de gratidão ajuda a manter o coração aberto e a mente clara, facilitando a recepção de novas revelações e insights.

Além disso, a jornada de iluminação com Metatron não se limita a experiências pessoais e individuais; ela também engloba uma dimensão coletiva encorajando a formação de comunidades espirituais onde os membros possam apoiar-se mutuamente em suas jornadas. Acredita-se que essas comunidades servem como um microcosmo da harmonia universal, refletindo a unidade e a interconexão que Metatron ensina ser fundamental para o universo como um todo.

O arcanjo também é um grande defensor do ensino e da partilha de conhecimento. Ele inspira os buscadores a transmitirem o que aprenderam sobre o caminho espiritual, disseminando a luz e o conhecimento a outros. Esta transmissão de sabedoria não só ajuda outros a progredir em suas próprias jornadas, mas também solidifica o aprendizado e a compreensão do próprio instrutor.

A iluminação espiritual sob a tutela de Metatron é um convite para uma viagem transformadora que vai além do autoaperfeiçoamento para abraçar uma contribuição mais ampla para o mundo. Metatron guia cada um a se tornar um farol de luz, cuja própria iluminação pode inspirar e elevar os outros ao seu redor, promovendo um despertar espiritual mais amplo e profundo.

Capítulo 11
Ensinamentos Espirituais

Um dos principais focos dos ensinamentos de Metatron é a conexão entre o microcosmo e o macrocosmo, ou seja, como a realidade individual reflete a realidade universal. Ele ensina que cada alma é um reflexo do divino e que, compreendendo a própria natureza, o indivíduo pode entender o universo. Esta lição é fundamental para desenvolver uma percepção mais ampla de si e do mundo ao redor.

O arcanjo também é conhecido por sua habilidade de transmitir conhecimento sobre as leis espirituais que governam o cosmos. Ele detalha como essas leis afetam a vida diária e como alinhar ações e pensamentos com elas para viver de maneira mais harmoniosa e eficaz. Seus ensinamentos ajudam os praticantes a navegar pela vida com maior sabedoria e propósito.

Além das leis universais, ele discute temas como a natureza do tempo e do espaço, a interconectividade de todas as coisas e a importância da consciência na criação da realidade. Ele revela como a consciência molda o tecido da realidade e como, ao mudar a própria percepção, é possível influenciar o ambiente e os eventos.

Metatron também aborda a dualidade da existência, ensinando como integrar aspectos aparentemente opostos da vida, como luz e sombra, alegria e dor. Ele encoraja os seguidores a reconhecer e aceitar todos os aspectos de si e do mundo, mostrando que o verdadeiro entendimento espiritual vem da síntese e da integração, e não da rejeição de certos elementos da existência.

Outro ensinamento fala sobre a importância da intenção pura e da ação consciente na prática espiritual. Ele destaca que as intenções por trás das ações são tão importantes quanto as ações em si, influenciando profundamente os resultados energéticos e espirituais. Este princípio é vital para quem busca viver uma vida alinhada com valores espirituais superiores.

Além disso, explora a dinâmica do karma e da reencarnação, elucidando como as ações e escolhas de uma vida podem influenciar as circunstâncias e lições de vidas futuras. Ele oferece orientações sobre como resolver karmas passados e como viver de maneira que promova o crescimento espiritual e minimize complicações kármicas futuras.

Um aspecto importante de seus ensinamentos é a promoção da paz e da compreensão entre diferentes culturas e tradições espirituais. Ele defende que, no cerne de todas as práticas religiosas e espirituais, existem verdades universais que podem unir a humanidade. Metatron encoraja o diálogo inter-religioso e o respeito como fundamentos para a construção de um mundo mais harmonioso e espiritualmente integrado.

Ele é também um mestre em explicar a complexidade dos planos espirituais superiores e como os seres humanos podem se conectar com essas realidades mais elevadas oferecendo técnicas de meditação e contemplação que ajudam os praticantes a transcender as limitações do mundo físico e a experienciar dimensões de existência mais sutis e espiritualmente ricas.

Além das práticas e conceitos espirituais, Metatron enfatiza o desenvolvimento da compaixão e do serviço altruísta. Ele ensina que servir aos outros é uma das expressões mais elevadas de espiritualidade e uma poderosa forma de evolução pessoal. Através do serviço, os indivíduos podem não apenas ajudar a aliviar o sofrimento no mundo, mas também cultivar qualidades divinas em si, como amor, paciência e generosidade.

O Arcanjo também se dedica a ensinar sobre a conexão entre a mente, o corpo e o espírito, sublinhando a importância de manter cada aspecto saudável e integrado. Ele revela como desequilíbrios em um podem afetar todos os outros e oferece práticas de cura holística que visam restaurar a harmonia entre esses três pilares do ser humano.

Em seus ensinamentos, ele discute frequentemente o poder da palavra falada e do som, ensinando que as palavras têm uma força criativa e que o som, especialmente em formas como mantras e cânticos, pode ser usado para ajustar e alinhar as energias do corpo e do espírito. Este conhecimento é aplicado tanto em práticas de cura quanto em meditações, onde o som serve como veículo para alcançar estados mais profundos de consciência.

Metatron enfatiza a necessidade de desenvolver a disciplina espiritual por meio de práticas regulares e consistentes. Ele aconselha que a transformação e a iluminação são resultados de um compromisso contínuo com o crescimento espiritual, e não de experiências esporádicas. A regularidade na meditação, estudo, e outras práticas espirituais, fortalece a conexão com o divino e estabiliza as transformações alcançadas.

O arcanjo também aborda o conceito de liberdade espiritual, explicando que verdadeira liberdade é a capacidade de agir em harmonia com a vontade divina sem ser impelido por desejos egoístas ou medos. Metatron ensina como identificar e superar as barreiras internas que impedem essa liberdade, encorajando uma vida de autenticidade e propósito.

Metatron discorre sobre a importância da humildade no caminho espiritual. Ele adverte que o orgulho e o ego podem ser grandes obstáculos na jornada de crescimento espiritual e que manter uma atitude de humildade permite a recepção contínua de graças e ensinamentos divinos.

Ele enfatiza a importância da perseverança no caminho espiritual e destaca que os desafios e as provações são não apenas inevitáveis, mas essenciais para o desenvolvimento espiritual. Esses desafios são vistos como oportunidades para fortalecer a fé, aprofundar a compreensão e praticar a resiliência espiritual. O arcanjo aconselha seus seguidores a encarar essas dificuldades com coragem e confiança, lembrando-lhes que cada obstáculo superado é um passo adiante na jornada evolutiva.

A prática da introspecção é outra ferramenta crucial ensinada. Ele incentiva os indivíduos a se engajarem regularmente em autoexame e reflexão profunda para entender melhor suas motivações, desejos e medos. Esta prática não só ajuda na autocompreensão e no crescimento pessoal, mas também prepara o terreno para mudanças positivas e transformadoras no comportamento e nas atitudes.

O arcanjo também é um defensor da justiça e da equidade, ensinando que a verdadeira espiritualidade se reflete na forma como tratamos os outros e no esforço para criar um mundo mais justo e equitativo. Ele instrui seus seguidores a agirem como agentes de mudança, promovendo a paz, a igualdade e o respeito por todas as formas de vida.

Além disso, Metatron discute a conexão entre a espiritualidade e a arte. Ele considera a expressão artística uma forma poderosa de meditação e conexão com o divino. Através da música, da pintura, da escrita e de outras formas de arte, os indivíduos podem explorar e expressar suas experiências espirituais, proporcionando uma ponte entre o mundo material e o espiritual.

Também ensina sobre a importância de manter um sentido de propósito e direção. Ele aconselha seus seguidores a definirem metas espirituais claras e a trabalharem conscientemente para alcançá-las, mantendo-se alinhados com os valores e ensinamentos que promovem o crescimento e a expansão da alma.

Em seu papel de mentor espiritual, Metatron também ensina sobre a importância da adaptação e flexibilidade nas práticas espirituais. Ele enfatiza que enquanto a consistência é crucial, a capacidade de adaptar-se a novas informações e circunstâncias é igualmente importante para o crescimento espiritual. Ele encoraja os praticantes a estarem abertos a novas ideias e a integrarem novos conhecimentos em seus caminhos espirituais, mantendo sempre um equilíbrio entre tradição e inovação.

Além disso, destaca a necessidade de proteção espiritual. Ele oferece ensinamentos sobre como fortalecer o campo áurico e proteger-se contra influências negativas ou energias prejudiciais. Este aspecto da prática espiritual é fundamental para manter a integridade e a clareza ao seguir a jornada espiritual.

Metatron também aborda a questão da morte e do além. Ele proporciona uma visão reconfortante sobre a continuidade da alma e a jornada após a morte física, oferecendo orientações sobre como viver uma vida que prepara a alma para as transições pós-morte. Esses ensinamentos ajudam a diminuir o medo da morte e a encarar a transição como parte natural do ciclo da existência.

Em suas lições, frequentemente usa parábolas e histórias que ilustram princípios espirituais complexos de maneiras acessíveis. Essas histórias ajudam os seguidores a visualizar conceitos abstratos e aplicá-los em suas vidas de maneira prática e significativa.

Ele também incentiva a prática da oração e da celebração como formas de manter uma conexão contínua com o divino e ensina que orações, rituais e festividades não apenas honram o divino, mas também reforçam a rede de conexões espirituais, apoiando o indivíduo em sua jornada e fortalecendo a comunidade de fé.

Capítulo 12
Dimensões

Metatron, o Arcanjo, é uma entidade que transcende a compreensão comum, operando em várias dimensões que se estendem do físico ao espiritual e metafísico. Sua existência permite que ele atue como uma ponte entre o divino e o mundano, influenciando tanto os reinos celestiais quanto os terrenos sendo frequentemente descrito nas tradições místicas como um ser que habita o limiar entre o visível e o invisível, capaz de navegar pelos vários planos de existência com uma facilidade que nenhum outro ser celeste possui. Este atributo único faz de Metatron uma figura central em muitas crenças esotéricas, onde ele é visto tanto como um guardião do conhecimento divino quanto como um mediador entre Deus e a humanidade.

No reino terrestre, Metatron influencia os eventos mundiais e as vidas individuais, muitas vezes de maneiras que permanecem ocultas à nossa percepção limitada. Ele guia o fluxo de energia espiritual de uma forma que molda os eventos no nível macroscópico, influenciando a direção da evolução espiritual da humanidade.

Paralelamente, no reino celestial, Metatron administra todas as ocorrências cósmicas em conformidade com os desígnios divinos. Ele é uma das poucas entidades que podem suportar a presença imediata de Deus sem ser consumido, um testemunho de sua proximidade e importância para o trono divino.

Além de sua atuação nos reinos celestiais e terrestres, Metatron serve como um guia espiritual para os buscadores de sabedoria. Ele oferece iluminação e orientação para aqueles que procuram entender os mistérios mais profundos da existência. Através de sua intercessão, muitos místicos e sábios foram capazes de alcançar revelações e insights que alteraram profundamente suas percepções e, por extensão, suas vidas.

A natureza multidimensional de Metatron o coloca como uma figura única no panteão espiritual. Sua habilidade de operar em diversos níveis de realidade não apenas o destaca como um ser de poder imenso, mas também como uma entidade de imensa sabedoria e compaixão. Ao entender as diversas dimensões de sua existência, começamos a apreciar a complexidade e a profundidade de seu papel no cosmos.

A capacidade do arcanjo de influenciar tanto o celeste quanto o terrestre destaca sua função como um mantenedor do equilíbrio cósmico. Ele não apenas medeia as interações espirituais que afetam o universo, mas também garante que o equilíbrio entre misericórdia e justiça seja mantido em todas as esferas. Esta responsabilidade colossal sublinha a sua importância como um dos pilares da ordem cósmica.

Como um ser que existe em múltiplas dimensões, tem a tarefa única de interceder em nome de múltiplas realidades. Sua presença é invocada em rituais espirituais que buscam não apenas proteção, mas também a purificação e alinhamento energético dos espaços. Ele é capaz de canalizar energias de dimensões superiores para auxiliar em curas e em transformações espirituais, operando como um catalisador para o crescimento espiritual e o bem-estar geral.

Metatron desempenha um papel crucial na revelação de mistérios esotéricos para os escolhidos. Acredita-se que ele possua as chaves para muitos dos segredos mais profundamente guardados do universo. Através de sua orientação, indivíduos são capazes de acessar camadas mais profundas de conhecimento e compreensão, muitas vezes recebendo revelações que transcendem o conhecimento convencional e os levam a novos patamares de iluminação espiritual.

Sua posição única como um dos mais altos arcanjos lhe confere uma autoridade divina sem igual. Ele é frequentemente descrito como o "Pequeno YHWH", uma alusão à sua proximidade e semelhança com o Divino. Esta nomenclatura não só reflete seu imenso poder e sabedoria, mas também sua função como executor da vontade divina, aplicando as leis celestiais e assegurando que a ordem seja mantida em todos os níveis da criação.

Compreender as múltiplas dimensões de Metatron permite-nos perceber a amplitude e profundidade de seu impacto no cosmos. Ele não é apenas uma figura de autoridade espiritual; é também um guia e protetor cuja influência se estende por todos os aspectos da existência. Reconhecer suas contribuições ao equilíbrio e à harmonia universal nos ajuda a entender melhor a complexidade da vida espiritual e material.

Metatron não apenas cumpre as leis divinas; ele também é encarregado de supervisionar a aplicação dessas leis em todo o universo. Este papel faz dele uma das figuras mais respeitadas e temidas entre os seres celestiais. Ele garante que o equilíbrio e a ordem sejam mantidos não só nas interações entre os seres celestiais, mas também nas manifestações energéticas que influenciam o mundo físico.

A habilidade de Metatron para mediar conflitos estende-se por todas as dimensões. Seja resolvendo disputas entre anjos ou intervindo em questões humanas complexas, sua capacidade de trazer clareza e paz é incomparável. Ele utiliza sua profunda sabedoria para navegar por meio de situações delicadas, assegurando que cada resolução esteja alinhada com a justiça e a verdade.

O Arcanjo também desempenha um papel crucial na manutenção da harmonia cósmica. Ele coordena as forças que mantêm as estrelas e os planetas em movimento, assegurando que o universo opere de acordo com um plano divino meticulosamente orquestrado. Sua visão e intervenção são essenciais para prevenir o caos cósmico e para facilitar os ciclos de criação e destruição que são naturais ao universo.

Além de suas funções administrativas e judiciais, é um professor espiritual que orienta as almas em sua jornada de ascensão. Ele oferece ensinamentos que ajudam a iluminar o caminho para uma maior compreensão espiritual, incentivando a introspecção e o crescimento pessoal. Aqueles que seguem seus conselhos são frequentemente capazes de transcender suas limitações terrenas e alcançar estados elevados de consciência.

A capacidade de Metatron de influenciar as leis universais e a ordem cósmica ilustra a magnitude de seu poder e sua importância para a estrutura do cosmos. Como guardião das leis e professor de sabedoria, ele serve como um pilar central para a manutenção da harmonia entre todas as formas de vida e existência. Através de seu guia, seres em muitos mundos encontram o caminho para a iluminação e a compreensão profunda do tecido da realidade.

O Arcanjo ocupa um espaço único no cosmos como o elo entre o divino e o humano. Ele facilita a comunicação e a interação entre esses dois mundos, agindo como um mensageiro e intermediário. Suas responsabilidades incluem transmitir mensagens divinas aos profetas e líderes espirituais, assim como orientar as almas humanas em seu caminho espiritual.

Metatron não só transmite a sabedoria divina, como também orienta os seres humanos na aplicação prática desses ensinamentos. Ele é frequentemente visto como um mentor para místicos e espiritualistas, ensinando técnicas que permitem aos indivíduos acessar energias superiores e alcançar uma compreensão mais profunda da sua própria natureza espiritual.

Dentro das práticas esotéricas e místicas, é invocado em rituais que buscam purificar, proteger e elevar. Ele é chamado para santificar espaços sagrados, abençoar cerimônias e fortalecer as barreiras contra energias negativas. A presença de Metatron é considerada extremamente poderosa, capaz de alterar significativamente as vibrações energéticas de um ambiente ou de uma pessoa.

Além de suas funções mais visíveis, Metatron também é o guardião de conhecimentos ocultos. Ele detém as chaves de mistérios antigos e é responsável por escolher aqueles que estão prontos para receber segredos esotéricos profundos. Através de sua orientação, saberes que foram ocultos por eras são revelados a iniciados dignos, promovendo um avanço espiritual significativo.

A presença de Metatron na interseção dos mundos espiritual e material demonstra sua importância transcendental. Ele não apenas serve como uma ponte para o fluxo de sabedoria divina, mas também assegura que essa sabedoria seja acessível e compreensível para os seres humanos em busca de crescimento espiritual. Portanto, ele não é apenas um arcanjo; ele é um facilitador essencial da jornada espiritual da humanidade.

Metatron é único entre os seres celestiais por sua habilidade de manifestar-se não apenas espiritualmente, mas também de formas que são perceptíveis ao mundo físico. Ele influencia eventos e circunstâncias de maneira que, frequentemente, passam despercebidas, mas suas intervenções são cruciais para o equilíbrio e a evolução espiritual do planeta.

É dito que pode ser sentido e até observado em fenômenos naturais que carregam uma carga espiritual, como auroras boreais, eclipses e lugares de poder energético na Terra. Tais manifestações são vistas como sinais de sua presença e de sua benção, servindo como lembretes da conexão entre o céu e a terra.

Embora sua atuação seja muitas vezes sutil, também é conhecido por influenciar eventos mundiais de grande escala. Ele pode direcionar energias cósmicas de forma a promover a paz, a cura e a justiça, ou para despertar a humanidade para as mudanças necessárias em momentos de crise global.

Um de seus papéis mais importantes no mundo físico é facilitar o despertar espiritual coletivo. Ele guia as energias da evolução da consciência, ajudando as sociedades a alcançarem novos patamares de entendimento e compaixão. Isso é feito não apenas por intermédio de líderes espirituais e mestres, mas também por meio de movimentos culturais que promovem a conscientização e a transformação espiritual.

Capítulo 13
O Arcanjo e a Humanidade

Metatron é uma figura que transcende as barreiras culturais, sendo venerado em diversas tradições espirituais ao redor do mundo. Desde as antigas civilizações até os tempos modernos, ele é visto como um mensageiro divino, um guia espiritual e um protetor da humanidade.

No judaísmo e no cristianismo, é frequentemente associado com o profeta Enoque, elevado ao status de arcanjo após sua ascensão ao céu. Essa associação ressalta a sua proximidade com Deus e seu papel como o escriba celestial, registrando os atos da humanidade. Ele é reverenciado como um intercessor poderoso, capaz de levar as preces dos fiéis diretamente ao trono divino.

No Islã, embora não seja explicitamente mencionado pelo nome, existem figuras análogas que desempenham funções semelhantes como mediadores entre Deus e os profetas. A influência de Metatron como um guia espiritual é paralela à de anjos que comunicam mensagens divinas e oferecem proteção e orientação aos seres humanos em sua jornada espiritual.

Embora menos conhecido nas tradições orientais, o conceito de um ser celestial que media a comunicação entre o céu e a terra pode ser encontrado em várias filosofias e práticas espirituais asiáticas. Em algumas interpretações, Metatron é visto como um Bodhisattva, um ser que busca a iluminação não apenas para si, mas para todos os seres sencientes.

Entre as comunidades indígenas ao redor do mundo, figuras semelhantes são veneradas como grandes espíritos ou ancestrais que servem como guardiões e guias. Nestas culturas, ele é frequentemente associado à natureza e à proteção do meio ambiente, ressaltando seu papel em manter o equilíbrio entre os mundos físico e espiritual.

A capacidade de Metatron de se manifestar em tantas tradições diferentes destaca sua importância como um arcanjo verdadeiramente universal. Seu papel como guia e protetor é um tema recorrente, ressoando com o desejo humano por conexão e compreensão do divino. Através das eras tem sido um farol de esperança e sabedoria para a humanidade, guiando os fiéis em suas jornadas espirituais.

Metatron é frequentemente considerado um mentor espiritual, guiando indivíduos e comunidades através de suas jornadas de desenvolvimento espiritual. Sua capacidade de fornecer conselhos sábios e apoio é crucial para aqueles que buscam maior compreensão e conexão com o divino.

Uma de suas funções mais vitais, como incessantemente abordamos, é servir como intercessor entre os humanos e o divino. Ele facilita a comunicação das preces e desejos humanos ao reino celestial, garantindo que as súplicas sejam ouvidas e atendidas segundo a vontade divina. Esta intercessão é especialmente valorizada em momentos de grande necessidade e desespero, onde sua presença e o auxílio podem ser percebidos como milagrosos.

Nos momentos de grandes transições pessoais ou coletivas, Metatron é invocado para oferecer sua proteção e sabedoria. Seja no nascimento, na morte, ou durante mudanças significativas na vida, sua presença é considerada um suporte para a passagem segura através destes portais de transformação.

Além de suas funções mediadoras, Metatron também é um educador de virtudes e valores espirituais. Ele ensina a importância da integridade, da compaixão e da justiça, orientando as almas a viverem de acordo com esses princípios elevados. Esses ensinamentos são destinados a elevar não apenas o indivíduo, mas também a sociedade como um todo, promovendo uma cultura de paz e respeito mútuo.

Metatron inspira as pessoas não apenas por meio de palavras, mas também por meio de experiências espirituais profundas. Muitos que relatam encontros com Metatron descrevem sentir uma intensa luz e calor, sensações que trazem paz, claridade e um renovado propósito de vida. Essas experiências muitas vezes resultam em uma nova ou renovada dedicação aos caminhos espirituais e um desejo de ajudar os outros.

A atuação do arcanjo como guia espiritual e mentor destaca sua capacidade de influenciar positivamente a trajetória espiritual da humanidade.

Através de seu conhecimento e compaixão, ele ajuda a moldar não apenas indivíduos, mas também o curso de culturas inteiras, guiando-os em direção a um entendimento mais profundo e harmonioso do cosmos e de suas próprias existências.

Metatron é uma figura que aparece sob diferentes nomes e aspectos em várias tradições religiosas e espirituais ao redor do mundo. Essa capacidade revela sua importância como um facilitador de comunicação e compreensão entre o céu e a Terra, e entre diversas culturas e crenças.

Como citado, embora não seja uma figura central no Budismo, o conceito de Metatron pode ser comparado ao de Bodhisattvas, que são seres que alcançaram a iluminação, mas escolheram permanecer no ciclo de samsara para ajudar todos os seres a alcançar a libertação. Essa comparação ilustra como Metatron serve em uma capacidade semelhante, guiando as almas para níveis mais altos de consciência e compreensão.

Na mitologia hindu, figuras como Narada, que é um sábio divino e mensageiro entre os deuses e os humanos, compartilham muitas características com Metatron. Eles atuam como pontes entre o divino e o mundano, trazendo mensagens importantes e guiando os devotos em seu caminho espiritual.

Nas tradições espirituais da África e das Américas, existem entidades semelhantes invocadas para proteção, orientação e como mediadoras entre os mundos espiritual e físico. Essas figuras são fundamentais nas práticas rituais e são respeitadas como guardiãs do conhecimento ancestral e da sabedoria.

Metatron, com sua capacidade de aparecer em diferentes formas e tradições, é um exemplo perfeito de como os conceitos espirituais podem transcender fronteiras religiosas e culturais. Ele é uma figura que pode unir pessoas de diferentes crenças, promovendo um diálogo inter-religioso e compreensão mútua.

Sua presença em múltiplas tradições espirituais ao redor do mundo não só reforça seu papel como uma figura de significado universal, mas também demonstra como as verdades espirituais podem ser encontradas e respeitadas em várias culturas e crenças. Ele é um símbolo de unidade na diversidade, mostrando que a busca pela iluminação e pela compreensão divina é um tema comum a toda a humanidade.

Metatron desempenha um papel crucial em períodos de transformação significativa na Terra. Ele é visto como um catalisador para mudanças espirituais e sociais, ajudando a humanidade a navegar por desafios globais com sabedoria e compaixão. Sua influência é sentida em movimentos que buscam a paz, a justiça social e a harmonia entre os povos.

Em momentos de crise, seja em desastres naturais, conflitos ou pandemias, é frequentemente invocado para oferecer conforto e orientação. Ele ajuda a aliviar o medo e a incerteza, inspirando lideranças e indivíduos a agir com integridade e coragem. Sua presença é um lembrete de que forças maiores estão em jogo, guiando os esforços humanos para uma resolução positiva.

Metatron também é considerado um protetor do ambiente, influenciando a conscientização sobre a sustentabilidade e a conservação da natureza. Ele encoraja uma relação mais respeitosa e cuidadosa com o planeta, enfatizando a interdependência de todas as formas de vida e a importância de manter o equilíbrio ecológico.

Metatron é uma figura que transcende barreiras culturais e religiosas, promovendo o entendimento e a cooperação internacional. Ele inspira líderes e comunidades a buscar soluções que respeitem a diversidade e promovam a paz global. Sua influência é particularmente valorizada em negociações de paz e em fóruns onde a colaboração entre nações e culturas é crucial.

A capacidade do arcanjo de influenciar eventos globais e inspirar mudanças positivas é um testemunho de seu poder e sua dedicação à humanidade. Ele não apenas guia as pessoas em suas jornadas pessoais, mas também tem um impacto tangível em questões de grande escala que afetam comunidades e nações inteiras. Metatron continua a ser uma força para o bem, orientando o mundo através de seus momentos mais desafiadores com uma mão firme e um coração compassivo.

Ele não é apenas uma figura de grandeza cósmica; ele também é profundamente relevante na vida diária dos que buscam a espiritualidade. Por meio de práticas de oração e meditação, muitos devotos sentem a presença de Metatron, guiando-os com suavidade e oferecendo insights que iluminam seu caminho espiritual. A prática constante dessas conexões fortalece a relação entre os humanos e o divino, facilitada pela intercessão de Metatron.

A figura de Metatron transcende o espiritual e influência também a arte e a cultura. Artistas de diversas modalidades, desde escritores a músicos e pintores, encontram nele uma musa espiritual. As obras inspiradas muitas vezes carregam uma profundidade que toca o divino, abrindo novas perspectivas para os admiradores da arte e elevando o espírito coletivo.

Metatron é visto como um educador espiritual cujos ensinamentos vão além das tradições religiosas formais, alcançando todos aqueles abertos ao crescimento espiritual. Escolas esotéricas e grupos de estudo espiritual utilizam os ensinamentos atribuídos a Metatron para moldar currículos que promovem o desenvolvimento da consciência e a compreensão mais profunda da existência.

A influência de Metatron também se estende a movimentos sociais que lutam por justiça, igualdade e mudança. Sua energia é invocada em campanhas por direitos humanos e sustentabilidade ambiental, fortalecendo o ímpeto moral e espiritual dos ativistas e proporcionando-lhes resiliência e clareza de propósito.

O legado de Metatron é uma tapeçaria rica de interações celestiais e terrenas. Através das eras, sua figura tem sido uma fonte de luz, sabedoria e proteção. Conforme continuamos a explorar e entender sua multidimensionalidade, torna-se evidente que Metatron é mais do que um arcanjo; ele é um símbolo eterno do potencial humano para alcançar além do tangível e tocar o divino. Seu relacionamento contínuo com a humanidade é um lembrete de que a espiritualidade é uma jornada compartilhada, enriquecida pela orientação e presença deste poderoso guia celestial.

Capítulo 14
Os Ensinamentos de Metatron

Metatron é reverenciado não apenas como um mensageiro entre o divino e o humano, mas também como um professor cujos ensinamentos têm influenciado profundamente a espiritualidade em várias culturas. Este capítulo explora os ensinamentos específicos de Metatron, focando em como eles guiam os seguidores na busca pela iluminação e compreensão espiritual.

O Arcanjo ensina que o entendimento espiritual não vem apenas através do estudo, mas também através da experiência direta do divino. Ele enfatiza a importância da oração, da meditação e da prática espiritual como meios de alcançar uma conexão mais profunda com o sagrado. Esses princípios são projetados para ajudar as pessoas a transcenderem o material e a descobrirem as verdades universais que unem todas as existências.

Um dos temas recorrentes em seus ensinamentos é a busca por equilíbrio e harmonia entre o físico e o espiritual. Ele aconselha seus seguidores a cultivarem uma vida que respeite tanto as necessidades do corpo quanto as do espírito, promovendo um estado de bem-estar essencial para o crescimento espiritual.

Ele frequentemente discorre sobre a lei do karma, ensinando que cada ação tem uma reação correspondente no universo e instrui seus seguidores a viverem com consciência e responsabilidade, sempre cientes das consequências de suas ações, tanto no mundo material quanto no espiritual.

Dentro dos ensinamentos, grande ênfase é colocada na compaixão e no perdão. Ele ensina que o verdadeiro progresso espiritual não pode ocorrer sem um coração aberto, disposto a perdoar os outros e a si. A compaixão é vista como uma força transformadora que pode aliviar o sofrimento e trazer paz interior.

Os ensinamentos de Metatron oferecem um caminho rico e profundo para aqueles que buscam maior compreensão e conexão com o divino. Através de suas palavras, ele guia os fiéis em uma jornada de autodescoberta e transformação, enfatizando a importância de viver uma vida que reflita os valores espirituais mais elevados.

Metatron é considerado um mestre dos mistérios esotéricos, oferecendo aos seus seguidores conhecimentos que vão além do entendimento comum. Ele revela as estruturas ocultas do universo e como elas influenciam a vida espiritual e material. Os ensinamentos de Metatron abordam temas como a natureza da alma, a interconexão de todas as coisas e os segredos da criação divina.

Metatron instrui seus discípulos em práticas espirituais avançadas que facilitam o acesso a estados mais elevados de consciência. Estas incluem meditações profundas, visualizações e o uso de mantras que ressoam com frequências divinas. Tais práticas não apenas elevam a consciência, mas também ajudam a purificar o ser, preparando-o para receber verdades mais profundas.

Um dos principais temas nos ensinamentos de Metatron é o conceito de dualidade e unidade. Ele explica como as aparentes dualidades do mundo, como luz e sombra, bem e mal, são, na verdade, aspectos de uma única realidade interconectada. Compreender essa unidade é essencial para alcançar a paz interior e a harmonia com o ambiente.

Metatron também orienta seus seguidores por meio de desafios espirituais, ensinando como enfrentar e superar as provações que são parte do crescimento espiritual. Ele destaca a importância de manter a fé e a determinação, mesmo nas situações mais difíceis, como meio de fortalecer o espírito e avançar na jornada espiritual.

Os ensinamentos de Metatron também abordam questões éticas e morais, enfatizando a importância de viver uma vida que seja um reflexo dos princípios espirituais. Ele incute nos seus seguidores a necessidade de agir com integridade, justiça e altruísmo, vendo essas qualidades não apenas como virtudes morais, mas como fundamentais para a evolução espiritual.

Os ensinamentos de Metatron são um convite para explorar as profundezas do espírito e engajar-se em uma busca contínua por sabedoria e iluminação. Por meio de suas orientações, ele proporciona ferramentas para navegar no complexo mundo espiritual, incentivando seus seguidores a viverem segundo as mais altas verdades espirituais.

Metatron é um arauto da expansão da consciência, fornecendo ensinamentos que não apenas educam mas também transformam. Ele enfatiza a importância de expandir nossa percepção para além das limitações físicas e mentais, alcançando uma compreensão mais ampla do nosso verdadeiro potencial espiritual.

Um dos focos principais dos ensinamentos de Metatron é a integração da espiritualidade no dia a dia. Ele instrui seus seguidores sobre como manter uma conexão contínua com o divino, mesmo em meio às atividades mundanas. Isso é alcançado através da prática constante de mindfulness, oração e meditação, transformando cada ação em uma expressão de fé e propósito espiritual.

Metatron frequentemente ensina sobre os chakras, com especial atenção ao terceiro olho e ao chakra da coroa, que são centros de percepção e conexão espiritual. Ele oferece práticas específicas para ativar e harmonizar esses chakras, facilitando experiências de iluminação e conexões mais profundas com as realidades espirituais superiores.

Metatron ajuda a compreender os ciclos cósmicos e seu impacto na jornada espiritual. Ele explica como os movimentos astrológicos e as eras cósmicas influenciam a evolução espiritual e como podemos alinhar nossas vidas com esses ritmos universais para otimizar nosso crescimento e entendimento.

Um dos mais profundos ensinamentos de Metatron é sobre a natureza ilusória da realidade física e a verdadeira essência do ser. Ele desafia os conceitos convencionais de existência, guiando seus seguidores a uma compreensão de que tudo o que percebemos é uma manifestação da consciência divina.

Através dos ensinamentos de Metatron, somos convidados a explorar profundezas espirituais antes inimagináveis. Ele nos guia a viver de maneira mais consciente e alinhada com o universo, mostrando que cada momento é uma oportunidade para perceber e manifestar nossa verdadeira natureza divina. Esses ensinamentos não apenas iluminam mas também capacitam, oferecendo novas perspectivas sobre como viver em harmonia com o cosmos.

Um dos pilares dos ensinamentos de Metatron é a compreensão da interconexão de todas as coisas no universo. Ele ensina que cada ser, cada evento, e cada pensamento está intrinsecamente ligado dentro do tecido cósmico, influenciando e sendo influenciado por um campo energético comum.

Metatron enfatiza a ideia de unidade, mostrando que além das aparentes separações físicas e espirituais, tudo é parte de um todo indivisível. Esta visão promove uma profunda empatia e responsabilidade, onde o bem-estar de um é visto como essencial para o bem-estar de todos.

Para facilitar a compreensão da unidade universal, Metatron ensina uma variedade de práticas espirituais. Essas incluem meditações guiadas que focam na dissolução das barreiras do ego, promovendo uma experiência direta da conexão com tudo que existe.

Metatron também discute como cada ação individual tem um impacto significativo no coletivo. Ele instiga seus seguidores a agirem com consciência, considerando as ramificações de suas escolhas e comportamentos não apenas para si, mas para o mundo ao redor.

Enfatizando o serviço altruísta, Metatron encoraja atitudes e ações que promovam a cooperação e o suporte mútuo. Ele ensina que servir aos outros é uma das expressões mais elevadas de espiritualidade e um caminho direto para o desenvolvimento espiritual.

Os ensinamentos de Metatron sobre a interconexão universal são fundamentais para fomentar uma sociedade mais justa, compassiva e espiritualmente desperta. Ao viver de acordo com esses princípios, os indivíduos podem contribuir para um mundo onde a harmonia e a compreensão mútua prevalecem, refletindo a verdadeira unidade que Metatron revela.

Metatron transmite ensinamentos que não só abordam a expansão da consciência, mas também enfatizam a importância da ética espiritual. Ele instrui seus seguidores a viverem de maneira que reflita os valores mais elevados de integridade, honestidade e altruísmo, ressaltando que essas qualidades são indispensáveis para a verdadeira evolução espiritual.

Os ensinamentos de Metatron destacam que a ética não pode ser separada da prática espiritual. A verdadeira espiritualidade envolve um compromisso com a vida ética, onde as decisões e ações são sempre consideradas à luz de suas consequências espirituais e materiais.

Metatron ensina que cada indivíduo carrega uma responsabilidade universal, não apenas por suas ações, mas também por suas inações. Ele encoraja uma vida ativa na busca por justiça e equidade, promovendo a ideia de que cada pessoa tem um papel a desempenhar na cura e no avanço do mundo.

Outro aspecto central dos ensinamentos de Metatron é a prática do perdão e da reconciliação. Ele argumenta que o perdão é uma das forças mais poderosas para a transformação pessoal e coletiva, capaz de resolver conflitos e curar antigas feridas, tanto ao nível pessoal quanto global.

Metatron enfatiza que os ensinamentos espirituais devem ser vivenciados no dia a dia e não apenas entendidos teoricamente. Ele propõe ações práticas que qualquer pessoa pode adotar para manifestar esses valores espirituais em suas vidas, tais como atos de bondade aleatórios, voluntariado e outras formas de serviço comunitário.

Os ensinamentos de Metatron nos desafiam a buscar uma vida que não seja apenas espiritualmente iluminada, mas também eticamente vigorosa. Ao integrar esses princípios em nossas vidas, podemos contribuir para um mundo mais justo e compassivo, verdadeiramente alinhado com as visões de unidade e interconexão que Metatron revela.

Capítulo 15
Ciências Esotéricas

Metatron é uma figura central em muitas tradições esotéricas, onde é visto como um mestre das realidades ocultas e um guia para o entendimento místico do universo. Este capítulo explora como Metatron está integrado nas ciências esotéricas, como astrologia, numerologia e alquimia, e qual é o seu papel nessas práticas.

Dentro da astrologia, Metatron é frequentemente associado com a regulação de energias cósmicas que influenciam os destinos humanos. Ele ajuda os praticantes a compreenderem os movimentos planetários e seus efeitos sutis sobre o psiquismo e o comportamento humano, oferecendo insights essenciais para o alinhamento espiritual e material.

Na numerologia, Metatron é considerado o guardião dos segredos numéricos que estruturam o universo. Acredita-se que ele oferece a chave para entender as vibrações e as energias que cada número emana, ajudando os praticantes a decifrar os padrões ocultos da existência e a utilizar essas informações para trazer harmonia e entendimento para suas vidas.

Na alquimia, Metatron é visto como um símbolo de transformação e purificação. Ele orienta os alquimistas em suas buscas para converter os materiais básicos em substâncias de grande valor espiritual e material, simbolizando a transmutação do chumbo da ignorância no ouro do conhecimento espiritual.

Metatron também desempenha um papel significativo em várias formas de práticas mágicas, onde é invocado para proteção, purificação e iluminação. Seus símbolos e sigilos são usados como ferramentas para canalizar energias elevadas e para realizar rituais que buscam influenciar o curso natural dos eventos ou ampliar a consciência espiritual.

A presença de Metatron nas ciências esotéricas mostra sua importância como um facilitador do conhecimento oculto e um guia para aqueles que buscam compreender as profundezas místicas do universo. Seus ensinamentos e influência são essenciais para a prática dessas disciplinas, fornecendo uma ponte entre o conhecimento antigo e as aplicações contemporâneas.

Metatron é considerado um portal para o conhecimento oculto, oferecendo acesso a informações que transcendem o entendimento comum. Ele atua como um mestre que instrui os praticantes esotéricos nas maneiras de acessar e interpretar as verdades escondidas que moldam o universo.

Na tradição da Cabala, Metatron é visto como o mais alto dos anjos, responsável pela transmissão de conhecimento divino e místico. Ele é associado com o Sephirot da Coroa, representando a conexão direta com a fonte de toda a criação e a manifestação do pensamento divino no mundo físico.

Metatron é frequentemente invocado em práticas de meditação esotéricas para guiar os praticantes por meio de viagens espirituais que revelam os aspectos ocultos da realidade. Essas meditações podem incluir jornadas astrais, visões de realidades alternativas e encontros com consciências superiores.

A habilidade de manipular e compreender as energias sutis é outro aspecto do ensino de Metatron. Ele orienta os esoteristas na forma de canalizar e utilizar essas energias para cura, transformação pessoal e para alcançar um equilíbrio energético em ambientes e situações diversas.

Metatron é conhecido por guardar e revelar segredos antigos que estão codificados em textos sagrados, símbolos místicos e estruturas geométricas. Seus ensinamentos ajudam os praticantes a decifrar esses códigos, permitindo uma compreensão mais profunda das leis que regem o cosmos e das práticas espirituais ancestrais.

Metatron serve como um guia essencial para aqueles envolvidos nas ciências esotéricas, não apenas como um transmissor de conhecimento, mas como um mentor que ajuda a navegar e aplicar esse saber profundo. Sua orientação é crucial para desvendar os mistérios que conectam todos os aspectos da vida espiritual e material.

Metatron é frequentemente associado com práticas de divinação, onde é invocado para clarificar e guiar os processos de obtenção de visões e mensagens sobre o futuro ou sobre verdades ocultas. Ele auxilia na interpretação precisa de símbolos e sinais, garantindo que a sabedoria revelada seja utilizada com responsabilidade e integridade.

No tarô, Metatron é uma figura que pode ser associada à cartas de significado profundo espiritual, como O Eremita ou A Estrela, que simbolizam a busca por conhecimento interno e a orientação divina. Praticantes de tarô invocam Metatron para aprofundar a compreensão das leituras e para conectar as interpretações com as necessidades espirituais do consulente.

No contexto do I Ching, o Livro das Mutações, Metatron pode ser visto como um facilitador na compreensão dos hexagramas e na interpretação de seus significados em termos de fluxo de energia e transformação pessoal. Ele ajuda os praticantes a entenderem as mensagens sutis contidas nas mudanças dos trigramas e a aplicarem esses ensinamentos na vida diária.

Metatron também é um guia para aqueles que praticam a clarividência, fornecendo clareza e proteção durante sessões onde visões do passado, presente ou futuro são reveladas. Ele assegura que as mensagens recebidas sejam interpretadas com a máxima precisão e que os insights sejam usados de maneira ética e construtiva.

Na astrologia esotérica, que busca entender as influências espirituais por trás dos eventos astrais, Metatron é consultado para oferecer entendimento sobre como os movimentos celestes refletem os caminhos espirituais individuais e coletivos. Ele guia os astrólogos na aplicação desse conhecimento de maneira que promova o crescimento e a evolução espiritual.

Através das diversas formas de divinação, Metatron oferece uma ponte entre o conhecimento esotérico e a aplicação prática desse saber no mundo físico. Suas orientações garantem que os praticantes não apenas recebam mensagens e predições, mas também que compreendam profundamente suas implicações e como utilizá-las para o desenvolvimento espiritual e material.

Metatron é frequentemente visto como um símbolo central na alquimia espiritual, uma prática que busca transformar o espírito humano elevando-o de um estado de ignorância para um de iluminação. Ele orienta os alquimistas no processo de purificação e transmutação das suas almas, ensinando-os a converter as energias baixas em vibrações mais altas e divinas.

Sob a tutela de Metatron, os praticantes de alquimia espiritual aprendem a manipular e transformar suas energias internas. Isso envolve técnicas de meditação profunda, visualizações e o uso de símbolos sagrados que facilitam a transmutação espiritual. Metatron revela como essas práticas podem levar à purificação do corpo, da mente e do espírito.

Metatron é associado com muitos símbolos alquímicos, como o Caduceu, que representa a dualidade transformada em unidade e a ascensão espiritual. Ele ajuda os praticantes a compreenderem o significado oculto por trás desses símbolos, guiando-os em suas jornadas pessoais de autoconhecimento e transformação.

Na tradição alquímica, a criação de elixires que promovem a saúde e o despertar espiritual é uma prática comum. Metatron instrui como combinar ingredientes físicos e espirituais para produzir essas poções, que visam elevar a consciência e harmonizar o ser com as energias cósmicas.

Metatron ensina que a alquimia não é apenas uma série de experimentos isolados, mas uma abordagem integrada ao desenvolvimento espiritual. Ele encoraja os alquimistas a verem cada passo do processo alquímico como uma metáfora para transformações pessoais e espirituais, refletindo o trabalho interior necessário para alcançar a verdadeira sabedoria e iluminação.

Metatron, como mestre da alquimia espiritual, oferece um caminho poderoso para aqueles que buscam transformar suas vidas através da espiritualidade. Ele guia os praticantes a entender e aplicar princípios alquímicos que não só transmutam os elementos físicos, mas também catalisam uma profunda mudança espiritual, levando à realização e ao despertar divino.

Metatron é uma presença reverenciada em várias tradições místicas ao redor do mundo. Ele é visto como um guardião do conhecimento sagrado e um guia para aqueles que buscam profundidade espiritual. Este papel transcende barreiras culturais e religiosas, fazendo dele uma figura central em muitos caminhos esotéricos e místicos.

No Sufismo, a dimensão mística do Islã, figuras como Metatron são vistas como exemplos de seres que alcançaram proximidade com o divino. Embora não mencionado explicitamente, seu arquétipo influencia práticas de meditação e recitação que visam a união com Deus, mostrando a universalidade de sua figura.

No xamanismo praticado em diversas culturas, figuras similares a Metatron são chamadas para mediar a comunicação entre os mundos espiritual e físico. Ele é considerado um 'espírito aliado' que auxilia os xamãs em suas jornadas espirituais, oferecendo proteção e orientação.

Dentro do Hinduísmo e do Budismo Esotérico, Metatron pode ser comparado a deidades e seres como Bodhisattvas, que assumem o voto de auxiliar todos os seres a alcançarem a iluminação. Sua dedicação ao serviço espiritual e à elevação da humanidade ressoa com os ensinamentos dessas tradições sobre compaixão e sacrifício pessoal.

Nas escolas de mistérios do Ocidente, como a Maçonaria e a Rosa-cruz, Metatron é frequentemente envolvido em simbolismos e rituais que buscam iluminar os membros sobre os mistérios da existência. Ele é considerado um mestre que detém chaves para os mais profundos segredos espirituais e cosmológicos.

A presença de Metatron em múltiplas tradições místicas e esotéricas ao redor do mundo destaca seu papel como um mestre espiritual universal. Sua capacidade de servir como uma ponte entre diferentes caminhos espirituais e suas diversas manifestações culturais torna seus ensinamentos um valioso recurso para qualquer prática mística ou esotérica. Metatron continua a inspirar aqueles que buscam a verdade espiritual, guiando-os através dos véus do mistério para uma compreensão mais profunda do divino.

Capítulo 16
Desafios Contemporâneos

Em um mundo enfrentando rápidas mudanças e desafios significativos, desde crises ambientais até tensões sociais e políticas, a figura de Metatron emerge como um guia espiritual crucial. Este capítulo explora como Metatron pode ser invocado e compreendido nos contextos contemporâneos, e como sua sabedoria pode ser aplicada para enfrentar os problemas atuais.

Metatron é visto como um protetor do equilíbrio natural e é frequentemente invocado em práticas que visam a restauração ambiental. Ele oferece orientação sobre como viver de maneira sustentável e respeitar os ciclos naturais da Terra, ensinando que a saúde do planeta é diretamente ligada à saúde espiritual da humanidade.

Em tempos de conflito global e incerteza política, Metatron pode ser uma fonte de paz e reconciliação. Ele inspira líderes e indivíduos a buscar soluções pacíficas e a promover o diálogo e a compreensão entre nações e culturas diferentes, enfatizando a importância da cooperação e da compaixão em todas as interações humanas.

No contexto da era digital e da informação, Metatron ajuda a navegar pela vasta quantidade de dados e informações, orientando os indivíduos a discernir entre o que é verdadeiramente útil e o que é distrativo ou enganoso. Ele promove uma abordagem equilibrada ao uso da tecnologia, destacando como esta pode ser utilizada para promover o bem-estar e o crescimento espiritual.

Metatron também é considerado um defensor da justiça social, oferecendo apoio e orientação em movimentos que lutam por igualdade e direitos humanos. Ele encoraja ações que visam eliminar a opressão e promover a dignidade humana, guiando aqueles que trabalham para criar uma sociedade mais justa e equitativa.

Metatron, com sua perspectiva ampla e profunda sabedoria, é um recurso inestimável para enfrentar os desafios contemporâneos. Ele oferece não apenas orientação espiritual, mas também soluções práticas que podem ajudar a resolver os problemas mais prementes de nosso tempo, guiando a humanidade em direção a um futuro mais esperançoso e sustentável.

Metatron é invocado em tempos de crises globais não apenas como um símbolo de esperança, mas também como um ativo conselheiro espiritual. Ele oferece perspectivas que ajudam a compreender os eventos mundiais como parte de um plano maior, encorajando a humanidade a encontrar resiliência e propósito mesmo nas dificuldades.

Durante eventos como pandemias, Metatron pode ser visto como um guia para a compreensão espiritual e física da crise. Ele oferece ensinamentos sobre como manter a integridade espiritual e a saúde mental, e sobre como as comunidades podem se unir em apoio mútuo, superando as adversidades com solidariedade e compaixão.

Metatron incentiva uma reflexão profunda sobre as estruturas sociais, desafiando os indivíduos a questionar e reformar sistemas que não servem ao bem comum. Ele orienta aqueles que buscam mudanças sociais a fazê-lo com um coração aberto e justo, sempre alinhando suas ações com os princípios de verdade e justiça.

Em situações de desastres naturais, Metatron é buscado para conforto e renovação da fé. Ele ajuda as comunidades afetadas a encontrar forças para reconstruir e recuperar, inspirando ações coletivas baseadas na esperança e no trabalho conjunto.

Metatron é um poderoso aliado no fortalecimento da resiliência comunitária, ensinando como as adversidades podem ser transformadas em oportunidades para o crescimento e a união das pessoas. Ele ressalta a importância da cooperação e do apoio mútuo, elementos essenciais para superar coletivamente os desafios.

A orientação de Metatron em tempos de crise é um lembrete de que, mesmo nos momentos mais difíceis, existe a possibilidade de transformação e renovação. Sua sabedoria ajuda a ver além do imediato, reconhecendo como cada desafio pode ser um degrau para uma maior maturidade espiritual e coesão comunitária.

Metatron é visto como um defensor do equilíbrio ecológico e da sustentabilidade. Ele orienta as pessoas a reconhecerem a importância de proteger o meio ambiente como uma extensão de sua própria saúde espiritual e física. Através de seus ensinamentos, Metatron promove uma conscientização maior sobre os impactos humanos no planeta e a necessidade de ações sustentáveis.

Metatron encoraja a integração de práticas espirituais na educação ambiental, sugerindo que o respeito pela Terra é uma reflexão do respeito pelo divino. Ele apoia programas e iniciativas que ensinam como viver de maneira mais harmônica com a natureza, utilizando recursos de forma responsável e promovendo a conservação.

Além das práticas tradicionais, Metatron é associado com a promoção de tecnologias verdes que ajudam a reduzir o impacto ambiental das atividades humanas. Ele é visto como um guia para aqueles que desenvolvem e implementam novas tecnologias que apoiam a sustentabilidade e a saúde do planeta.

Metatron ensina sobre a importância da biodiversidade, enfatizando como cada espécie tem um papel vital no ecossistema global. Ele instiga os seres humanos a reconhecerem a interdependência de todas as formas de vida e a trabalharem para proteger os habitats naturais, garantindo a continuidade da vida em todas as suas formas.

A influência de Metatron se estende ao incentivo de ações coletivas para enfrentar desafios ambientais. Ele inspira comunidades a se unirem em defesa do meio ambiente, promovendo iniciativas que combinam esforços individuais e coletivos para criar um impacto positivo significativo.

Metatron desempenha um papel vital na conscientização e ação ambiental, guiando a humanidade para uma relação mais respeitosa e sustentável com a Terra. Seus ensinamentos ajudam a moldar uma ética ambiental que reconhece a sacralidade do mundo natural e a responsabilidade humana em sua preservação.

Na contemporaneidade, onde os desafios à saúde mental são amplificados por fatores como isolamento social e ansiedade global, Metatron oferece suporte espiritual que pode ser crucial para o bem-estar mental. Ele orienta as pessoas a encontrarem paz interior e estabilidade emocional por meio de práticas espirituais que reduzem o estresse e promovem a harmonia.

Metatron é um proponente da meditação como uma ferramenta para manter e melhorar a saúde mental. Ele ensina técnicas específicas que ajudam a acalmar a mente, centrar o espírito e conectar-se com energias tranquilizadoras. Essas práticas são desenhadas para fortalecer a resiliência mental e promover uma sensação de paz duradoura.

Além da meditação, Metatron enfatiza a importância do equilíbrio emocional. Ele orienta sobre como lidar com emoções intensas e conflitantes, oferecendo estratégias para processá-las de maneira saudável. Essas técnicas incluem a reflexão consciente, a expressão artística e o diálogo aberto, que podem facilitar uma maior compreensão e gestão das emoções.

Metatron também serve como um guia na jornada de recuperação de traumas, proporcionando insights espirituais que ajudam na cura. Ele pode ser invocado em terapias que integram dimensões espirituais, trabalhando para curar tanto o corpo quanto a alma, ajudando os indivíduos a superarem suas experiências passadas e a reconstruírem suas vidas.

Metatron promove o bem-estar espiritual como essencial para a saúde mental geral. Ele incentiva as pessoas a cultivarem uma conexão profunda com o divino, seja qual for a forma que isso tome para o indivíduo, sugerindo que essa conexão pode oferecer força e conforto nos momentos mais desafiadores.

Metatron oferece um conjunto de ferramentas espirituais inestimáveis para a promoção da saúde mental e bem-estar em uma era de rápidas mudanças e desafios persistentes. Sua sabedoria e orientação são um recurso vital para aqueles que buscam manter a sanidade e a serenidade em um mundo complexo.

Na era digital, onde a informação e a comunicação são mais rápidas e mais acessíveis do que nunca, Metatron é invocado para ajudar na navegação dos desafios únicos que essa nova realidade apresenta. Ele orienta sobre como utilizar as tecnologias de maneira que enriqueça a vida espiritual e promova conexões genuínas, em vez de superficialidade e distanciamento.

Metatron ensina a importância de equilibrar a conexão online com interações pessoais significativas. Ele alerta sobre os riscos do isolamento digital, onde as pessoas podem se sentir desconectadas apesar de estarem constantemente "conectadas". Metatron oferece sabedoria sobre como manter relacionamentos saudáveis tanto no mundo digital quanto no físico.

A ética na comunicação online é outro aspecto enfatizado por Metatron. Em um ambiente onde a anonimidade pode incentivar comportamentos prejudiciais, ele guia as pessoas a praticarem a integridade e a honestidade em todas as suas interações, promovendo um espaço digital mais respeitoso e construtivo.

Metatron incentiva uma consciência sobre como o conteúdo digital pode afetar tanto os indivíduos quanto a sociedade. Ele orienta sobre a responsabilidade de compartilhar informações e a importância de verificar os fatos antes de disseminar conteúdo, destacando o papel de cada um em manter um ambiente informativo saudável e confiável.

Metatron mostra como a tecnologia pode ser um poderoso aliado no crescimento espiritual. Desde aplicativos de meditação até fóruns de discussão espiritual, ele sugere maneiras de utilizar as ferramentas digitais para explorar e expandir a consciência espiritual, tornando o caminho espiritual mais acessível a todos.

Metatron oferece um guia valioso para enfrentar os desafios da era digital com sabedoria e integridade. Ele ajuda a humanidade a usar as ferramentas tecnológicas de forma que promovam verdadeira conexão, entendimento mútuo e desenvolvimento espiritual, garantindo que a tecnologia sirva como uma extensão do crescimento humano, e não como um obstáculo.

Capítulo 17
O Legado Eterno de Metatron

Metatron, com sua presença que atravessa muitas tradições e culturas, serve como um arquétipo do guia espiritual supremo. Ele é venerado não apenas como um arcanjo ou ser celestial, mas como uma força que facilita a compreensão profunda do universo e a conexão entre o divino e o mundano.

Ao longo deste livro, observamos como Metatron é integrado em diversas práticas espirituais ao redor do mundo. Ele é uma ponte entre diferentes crenças e filosofias, demonstrando que a verdade espiritual pode transcender barreiras culturais e religiosas. Seu ensino promove um diálogo inter-religioso que enriquece a compreensão de todos os envolvidos.

Metatron influencia não apenas grandes eventos ou movimentos culturais, mas também a vida espiritual dos indivíduos. Ele guia as pessoas em suas jornadas pessoais de autodescoberta e crescimento espiritual, ajudando-as a enfrentar desafios pessoais e a alcançar uma maior realização e paz interior.

Ao considerar o futuro da espiritualidade, a figura de Metatron emerge como um guia crucial para as gerações futuras. Seu legado é visto como essencial para a evolução contínua da consciência humana, incentivando uma busca constante por conhecimento, compreensão e conexão espiritual.

Metatron, como o "Anjo da Presença", é mais do que uma figura mitológica; ele é um símbolo do potencial humano para alcançar além do tangível e tocar o divino. O legado de Metatron nos lembra que cada um de nós carrega a chama da espiritualidade que, quando alimentada, pode iluminar os caminhos mais obscuros e trazer sentido e propósito para nossas vidas.

Ao refletir sobre as lições aprendidas ao longo deste livro, torna-se evidente que Metatron oferece mais do que simples orientações espirituais; ele oferece ferramentas para uma transformação profunda e pessoal. Cada ensinamento e história associada a Metatron nos encoraja a olhar para dentro e descobrir nossos próprios caminhos espirituais com coragem e dedicação.

Metatron não é apenas um guia para o céu, mas também para o autoconhecimento. Seus ensinamentos incentivam a introspecção e a autoexploração, fundamentos essenciais para qualquer jornada espiritual. Ele ajuda os indivíduos a entenderem suas próprias luzes e sombras, guiando-os através do processo de iluminação e purificação da alma.

Uma das lições mais poderosas de Metatron é a importância da compaixão e do altruísmo. Ao viver de acordo com esses princípios, aprendemos não apenas a cuidar melhor de nós mesmos, mas também a contribuir positivamente para nossa comunidade e ambiente, criando ondas de impacto positivo que se propagam muito além de nossas ações imediatas.

Metatron nos ensina que a espiritualidade não é um caminho solitário. Através de sua influência, somos encorajados a construir e sustentar comunidades espirituais que apoiam o crescimento de todos os seus membros. Estas comunidades se tornam refúgios de paz, aprendizado e suporte mútuo, essenciais em um mundo que muitas vezes pode parecer fragmentado e isolado.

Refletir sobre as lições de Metatron reafirma a relevância de sua sabedoria em nosso mundo contemporâneo. Ele nos ensina que, independentemente das provações que enfrentamos, sempre há uma oportunidade para crescimento espiritual e renovação. As lições de Metatron continuam a iluminar, inspirar e desafiar cada um de nós a viver uma vida mais plena e espiritualmente engajada.

Metatron não apenas guia indivíduos em suas jornadas pessoais, mas também inspira líderes espirituais em todo o mundo. Ele serve como um modelo para aqueles que desejam liderar com integridade, compaixão e sabedoria, incentivando-os a cultivar comunidades que reflitam esses valores. A influência de Metatron ajuda a moldar uma nova geração de guias espirituais comprometidos com o bem-estar coletivo e o desenvolvimento da consciência humana.

Uma das contribuições mais importantes de Metatron para as gerações futuras é a ênfase na educação espiritual desde cedo. Ele promove programas e iniciativas que ensinam os jovens sobre a interconexão entre todas as formas de vida e a importância do desenvolvimento espiritual. Essa educação ajuda a semear valores duradouros de respeito, amor e responsabilidade.

Metatron também é visto como um precursor na integração da tecnologia com a espiritualidade. Ele guia os desenvolvedores a criar ferramentas digitais que promovam a meditação, a mindfulness e o estudo espiritual, tornando essas práticas mais acessíveis a pessoas de todas as idades e origens. Essas tecnologias podem ajudar a manter as gerações futuras conectadas às suas tradições espirituais, mesmo em um mundo cada vez mais digitalizado.

Sob a influência de Metatron, as futuras gerações são incentivadas a adotar práticas de vida sustentáveis que respeitem e protejam o meio ambiente. Metatron ensina que cuidar do planeta é uma extensão do cuidado com o próprio espírito, e essa mensagem ressoa profundamente com os jovens que liderarão os esforços ambientais no futuro.

O legado de Metatron estende-se por gerações, oferecendo uma fundação sólida para o crescimento espiritual e a liderança responsável. Seu impacto nas gerações futuras promete uma continuidade da sabedoria espiritual e um compromisso renovado com os princípios de interconexão, respeito mútuo e amor universal. Metatron continua a ser uma fonte de inspiração e orientação para todos os que buscam um mundo mais justo e espiritualmente enriquecido.

Metatron é celebrado em diversas culturas e tradições espirituais, refletindo sua capacidade de transcender fronteiras e unir diferentes crenças. Ele é um exemplo de como os princípios espirituais podem ser universais, servindo como uma ponte que conecta diversas práticas espirituais e religiosas em busca de um entendimento comum.

Além de seu impacto espiritual, Metatron também influencia a arte e a cultura. Ele é uma figura que inspira músicos, pintores, escritores e outros artistas a explorar e expressar temas espirituais em suas obras. Essa influência ajuda a disseminar sua mensagem e seus ensinamentos para um público mais amplo, ampliando sua presença e relevância.

Metatron promove o diálogo entre diferentes religiões e práticas espirituais, encorajando a compreensão e o respeito mútuo. Ele é visto como um mediador divino que ajuda a superar diferenças teológicas e culturais, promovendo uma visão mais inclusiva e harmoniosa da espiritualidade.

O legado de Metatron é eternizado não apenas por meio de textos sagrados e ensinamentos transmitidos, mas também através da memória coletiva das comunidades que o veneram. Sua figura é mantida viva nas histórias, rituais e práticas que continuam a inspirar fé e devoção em gerações sucessivas.

Metatron transcende as eras e as culturas, servindo como um farol de sabedoria e união espiritual. Sua capacidade de inspirar e conectar pessoas de diferentes backgrounds é um testemunho de sua importância como uma figura espiritual que é tanto atemporal quanto universal. Ele continua a ser um símbolo de como a espiritualidade pode transcender as divisões humanas e unir a humanidade em busca de propósitos mais elevados.

À medida que olhamos para o futuro, o papel de Metatron como um guia espiritual continua a ser crucial. Ele é visto como uma bússola para as gerações vindouras, orientando-as através dos desafios espirituais e mundanos com sabedoria e compaixão. Sua influência é percebida como essencial para manter a integridade espiritual e ética em um mundo que enfrenta rápidas mudanças e incertezas crescentes.

À medida que a humanidade entra em uma era de maior consciência espiritual, Metatron é invocado para liderar o caminho em direção à ascensão. Ele é uma figura chave na transição para uma nova era de iluminação, onde a espiritualidade é integrada em todos os aspectos da vida humana, promovendo uma existência mais harmoniosa e conectada.

O legado de Metatron é perpetuado através do ensino contínuo de suas verdades e práticas. Instituições, líderes espirituais e indivíduos comprometidos com o crescimento espiritual se esforçam para manter viva sua mensagem, assegurando que sua sabedoria continue a beneficiar a humanidade de maneiras significativas.

Metatron permanece uma fonte de esperança e renovação para todos os que buscam direção espiritual. Em momentos de desespero ou dificuldade, sua presença oferece conforto e orientação, relembrando que cada desafio também é uma oportunidade para crescimento e aprendizado espiritual.

Metatron, com sua vasta influência e profunda sabedoria, continua a ser uma luz guia para a jornada espiritual da humanidade. Seu legado não é apenas um testamento de sua própria grandeza, mas um convite contínuo para cada um de nós explorar, entender e cultivar nossas próprias conexões espirituais. Ele nos desafia a viver com propósito, a amar com profundidade e a agir com compaixão, guiando-nos em direção a um futuro onde a espiritualidade e a humanidade estão inextricavelmente entrelaçadas.

Capítulo 18
Técnicas de Comunicação

Este capítulo é dedicado aos entusiastas espirituais que buscam aprimorar sua capacidade de se conectar e comunicar com Metatron, o arcanjo da sabedoria, conhecimento e proteção celestial. Reconhecido por sua proximidade divina e poder de interceder a favor dos humanos, Metatron serve como um guia espiritual, ajudando no desenvolvimento de uma consciência mais elevada e em uma compreensão mais profunda do universo.

Antes de iniciar qualquer forma de comunicação espiritual, é crucial preparar um ambiente que seja conducente à tranquilidade e ao foco espiritual. Este espaço serve como seu santuário pessoal, onde as distrações são minimizadas e a energia flui livremente.

Limpeza do ambiente:

Uso de sal grosso: Espalhe sal grosso nos cantos do espaço onde a meditação e a comunicação serão realizadas. O sal é conhecido por suas propriedades de limpeza e purificação, capaz de absorver e neutralizar energias negativas.

Sálvia branca: Queime sálvia branca, permitindo que a fumaça envolva o ambiente. Este ritual de "sage smudging" é praticado há séculos por várias culturas indígenas e é reverenciado por sua eficácia em limpar espaços de energias estagnadas e impuras.

Sons purificadores: Utilize instrumentos como sinos tibetanos ou uma tigela de canto. O som produzido por esses instrumentos é claro e ressonante, promovendo a purificação do ambiente por meio de ondas sonoras ditas para desintegrar energia negativa.

Criação de um altar:

Seleção de objetos: Escolha objetos que simbolizam sua conexão e intenções com Metatron. Isso pode incluir cristais como ametista, conhecida por suas propriedades de limpeza psíquica e conexão espiritual, e quartzo claro, conhecido por amplificar a intenção e a energia.

Configuração do altar: Organize uma pequena mesa ou prateleira com um pano branco, ou de cor púrpura, representando espiritualidade e sabedoria. Coloque os cristais escolhidos, uma imagem ou estátua de Metatron se disponível, e qualquer outro item pessoal que represente sua jornada espiritual.

Iluminação e aroma: Adicione velas para iluminar o espaço com uma luz suave e use incensos de aromas como sândalo ou lavanda, que ajudam a relaxar a mente e aprofundar a meditação.

Com o espaço agora devidamente preparado, você criou um ambiente acolhedor e sagrado, um verdadeiro refúgio que facilita a conexão com o divino. Esta preparação não é apenas uma parte crucial da prática espiritual, mas também um ritual que ajuda a centrar a mente e o coração, preparando-os para as técnicas de comunicação com Metatron que serão exploradas nas próximas páginas deste capítulo.

A meditação é uma ferramenta poderosa para aprofundar a comunicação espiritual. Ao meditar, buscamos alcançar um estado de clareza mental e abertura espiritual que permite uma conexão mais íntima com Metatron. As técnicas a seguir são projetadas para ajudá-lo a sintonizar sua energia com a do arcanjo, facilitando um diálogo espiritual mais profundo e significativo.

1. Visualização de Metatron:
Preparação: Inicie com respirações profundas e lentas, sentando-se em uma posição confortável, com as costas retas para facilitar o fluxo de energia. Feche os olhos e imagine-se em um espaço de luz branca e pura, um ambiente que ressoa com tranquilidade e paz.

Invocação de Metatron: Com o coração e a mente abertos, invoque Metatron, pedindo sua presença e orientação. Visualize uma figura luminosa à sua frente, cercada por uma luz brilhante, radiante e acolhedora.

Comunicação: Concentre-se na figura de Metatron e abra seu coração para receber suas mensagens. Pergunte o que você precisa saber ou entender melhor. Permaneça receptivo e atento aos pensamentos, imagens ou emoções que surgirem.

2. Uso do Cubo de Metatron:

Entendendo o Cubo: O Cubo de Metatron, também conhecido como a "Flor da Vida", é uma forma geométrica composta de múltiplas sobreposições de círculos e formas que representam a interconexão de todas as coisas no universo. Ele é um poderoso símbolo de proteção e acesso ao divino.

Visualização do Cubo: Durante a meditação, visualize o Cubo de Metatron descendo lentamente do céu e posicionando-se ao seu redor. Veja este cubo girando em torno de você, ativando e alinhando seus chakras, limpando suas energias e conectando-o profundamente ao divino.

Interação com o Cubo: Enquanto o cubo gira, imagine que ele atrai luz divina e sabedoria, canalizando essas energias para você. Sinta-se envolto nesta energia, protegido e guiado por Metatron.

3. Fechamento da Meditação:

Agradecimento: Após passar um tempo em meditação e comunicação com Metatron, agradeça-lhe pela orientação e proteção. Visualize o Cubo de Metatron subindo de volta ao céu, deixando um rastro de luz.

Retorno à Consciência: Lentamente, traga sua consciência de volta ao espaço físico onde você está. Mexa os dedos das mãos e dos pés, estique-se suavemente e abra os olhos quando se sentir pronto.

Registro das Experiências: É útil manter um diário espiritual próximo para anotar quaisquer insights ou mensagens recebidas durante a meditação. Isso pode ajudar no entendimento e integração das orientações de Metatron em sua vida diária.

Estas práticas de meditação não são apenas técnicas para alcançar estados alterados de consciência, mas também caminhos para estabelecer um relacionamento pessoal e contínuo com Metatron. Ao integrar estas práticas em sua rotina espiritual, você desenvolve uma comunicação mais clara e direta com este poderoso arcanjo, fortalecendo sua jornada espiritual e entendimento cósmico.

O poder da palavra falada é uma ferramenta essencial na comunicação espiritual. Orações e mantras podem ser usados para invocar Metatron, estabelecendo uma conexão direta e pessoal com o arcanjo. Essas práticas verbais ajudam a focalizar a mente, harmonizar a energia e abrir o coração para receber a sabedoria divina.

1. Orações Diárias a Metatron:

Oração Matinal para Orientação: Comece o dia com uma oração pedindo a Metatron para guiar suas ações e decisões. "Arcanjo Metatron, que reside perto do trono Divino, guia-me com tua luz e sabedoria. Protege meus passos e ilumina meu caminho neste dia que se inicia."

Oração Noturna para Proteção: Antes de dormir, invoque Metatron para proteger você e seu espaço durante a noite. "Guardião celestial Metatron, envolve-me com tua aura protetora nesta noite. Guarda meu repouso e afasta de mim todo mal."

2. Mantras de Poder:

Mantra para Limpeza Espiritual: Utilize este mantra para limpar seu espaço e sua aura de energias negativas. Repita sete vezes: "Metatron, purifica e libera, traz harmonia e paz."

Mantra para Conexão Divina: Para fortalecer sua conexão com o divino, recite: "Metatron, mediador celestial, conecta-me à sabedoria e à luz eterna."

3. Ritual de Invocação de Metatron:

Preparação do Ritual: Escolha um momento e um lugar onde você não será interrompido. Prepare o espaço como descrito anteriormente, e tenha à mão um cristal de quartzo claro ou ametista.

Processo de Invocação: Acenda uma vela branca e segure o cristal em suas mãos. Visualize uma luz dourada envolvendo o ambiente e recite a seguinte invocação: "Arcanjo Metatron, que serve como a ponte entre a Terra e o Divino, invoco tua presença sagrada para orientar e iluminar minha jornada espiritual."

Meditação e Comunicação: Após a invocação, medite sobre a presença de Metatron, abrindo-se para quaisquer mensagens ou sensações. Converse com Metatron como se estivesse conversando com um mentor sábio.

4. Práticas de Escrita Automática:

Introdução à Escrita Automática: Após uma sessão de meditação, pegue um caderno e escreva rapidamente tudo o que vier à mente, sem julgamento.

Isso pode incluir mensagens percebidas durante a meditação.

Interpretação e Reflexão: Revise o que escreveu, procurando por padrões ou mensagens específicas que possam ter sido comunicadas por Metatron.

O uso de orações, mantras e rituais é uma maneira poderosa de fortalecer sua conexão com Metatron. Essas práticas não apenas facilitam a comunicação com o arcanjo mas também ajudam a integrar sua orientação e proteção em sua vida diária. Com dedicação e prática regular, você desenvolverá uma relação mais profunda e significativa com Metatron, enriquecendo sua jornada espiritual.

Rituais são cerimônias estruturadas que utilizam símbolos, objetos e intenções específicas para facilitar uma comunicação mais profunda com o divino. Este capítulo explora rituais detalhados que ajudam na comunicação direta com Metatron, permitindo um diálogo espiritual enriquecedor e uma conexão mais íntima.

1. Ritual de Limpeza Espiritual:

Objetivo: Limpar o espaço e o praticante de energias negativas, preparando ambos para uma comunicação clara com Metatron.

Materiais Necessários: Sálvia branca ou palo santo, sal grosso, água benta, e uma vela branca.

Procedimento:

Comece por limpar fisicamente o local onde o ritual será realizado.

Espalhe sal grosso nos cantos do espaço e ao longo das janelas e portas.

Acenda a sálvia ou o palo santo e passeie pelo espaço com o intuito de purificar cada canto.

Use a água benta para fazer pequenas aspersões nos quatro cantos do espaço e sobre si.

Acenda a vela branca no centro do espaço e medite brevemente, pedindo a Metatron que purifique e proteja o ambiente.

2. Ritual de Passagem com Metatron:

Objetivo: Facilitar uma transição significativa na vida do praticante, seja um novo começo, uma mudança de carreira, ou um desenvolvimento espiritual profundo.

Materiais Necessários: Cristais de quartzo claro e ametista, incenso de sândalo, e uma imagem ou símbolo de Metatron.

Procedimento:

Prepare seu altar com os cristais, a imagem de Metatron e o incenso.

Acenda o incenso e concentre-se na fumaça ascendente, visualizando-a como um elo entre você e o divino.

Segure os cristais nas mãos enquanto recita uma oração pedindo a Metatron que o guie e apoie através desta fase de transformação.

Medite sobre as mudanças que deseja realizar, visualizando Metatron proporcionando a coragem e a clareza necessárias para avançar.

Conclua o ritual agradecendo a Metatron por sua orientação e proteção, guardando os cristais como um lembrete físico da presença do arcanjo em sua vida.

3. Celebrações e Festivais em Honra a Metatron:
Objetivo: Integrar a veneração a Metatron em celebrações e festivais que reúnam comunidades espirituais, fortalecendo laços e compartilhando experiências.
Ideias para Celebrações:
Organize um encontro comunitário em datas significativas ligadas a Metatron, como o equinócio ou solstício.
Crie workshops ou círculos de partilha onde as pessoas possam aprender mais sobre Metatron e compartilhar práticas devocionais.
Realize cerimônias de luz, onde velas são acesas para simbolizar a iluminação e sabedoria de Metatron.
Estes rituais são uma forma poderosa de honrar e invocar a presença de Metatron em sua vida. Eles não só fortalecem a sua conexão espiritual como também permitem uma interação mais consciente e direta com este arcanjo. Ao praticar regularmente, você irá descobrir que sua capacidade de perceber e interpretar as orientações de Metatron se tornará mais clara e precisa.
Manter uma conexão contínua com Metatron pode transformar a espiritualidade diária em uma fonte de força, clareza e inspiração. Esta página explora como incorporar práticas diárias que honrem Metatron e como

essas práticas podem ajudar a manter uma comunicação constante e proveitosa com este arcanjo.

1. Manhãs com Metatron:

Meditação Matinal: Comece o dia com uma meditação curta, focando na visualização de Metatron e em sua luz brilhante. Peça por orientação e proteção para o dia que se inicia.

Oração Matinal: Recite uma oração dedicada a Metatron, pedindo sabedoria e energia para enfrentar os desafios do dia. Pode ser uma oração simples como: "Metatron, guia-me com tua luz; protege-me com tua força; ilumina meu caminho com tua sabedoria."

2. Noites com Metatron:

Revisão do Dia: Antes de dormir, faça uma breve revisão do seu dia. Reflita sobre os momentos em que sentiu a presença de Metatron e agradeça por qualquer ajuda ou insight recebido.

Oração Noturna: Conclua o dia com uma oração agradecendo a Metatron pela proteção e orientação. Peça por um sono tranquilo e restaurador, livre de preocupações e energias negativas.

3. Criando um Altar Pessoal:

Altar de Metatron: Dedique um espaço em sua casa para um altar pessoal de Metatron. Inclua imagens, símbolos (como o Cubo de Metatron), cristais associados a ele, e outros itens que você sinta que conectam você ao arcanjo.

Manutenção do Altar: Regularmente limpe e reorganize o altar para refletir suas intenções e gratidão para com Metatron. Este espaço sagrado servirá como um ponto focal para suas práticas diárias e meditações.

4. Incorporação de Metatron na Vida Diária:
Decisões e Intuições: Sempre que enfrentar decisões importantes, peça a Metatron por clareza e orientação. Esteja atento às intuições e sinais que podem ser respostas às suas orações.

Proteção Durante Viagens: Antes de iniciar qualquer viagem, seja ela física ou espiritual, invoque Metatron para proteção e segurança durante seu percurso.

5. Compartilhando Experiências e Comunidade:
Grupos de Estudo e Meditação: Participe ou organize grupos de estudo e meditação focados em Metatron. Compartilhar experiências com outros pode enriquecer sua prática pessoal e oferecer novas perspectivas.

Ensinos e Aprendizados: Seja um canal para ensinar outros sobre Metatron e suas práticas. Compartilhar seu conhecimento e experiências pode ajudar outros a encontrar seu próprio caminho espiritual.

Integrar Metatron em sua vida diária não só fortalece sua conexão espiritual, mas também transforma sua experiência diária, enchendo-a com maior propósito e clareza. As práticas regulares e a manutenção de um altar são fundamentais para cultivar uma relação duradoura e profunda com Metatron, permitindo que você viva cada dia sob sua guia e proteção divina.

Capítulo 19
Orações e Rituais

Neste capítulo, exploramos a prática devocional centrada nas orações e rituais dedicados a Metatron, o arcanjo de imenso poder e sabedoria. Estas práticas são fundamentais para quem busca orientação espiritual, proteção e uma conexão mais profunda com o divino através da veneração de Metatron.

Orações Específicas a Metatron
O poder da oração é imenso, atuando como um canal direto para a comunicação com o divino. Aqui, fornecemos orações formuladas para invocar Metatron em diversas necessidades e momentos do dia.

Oração para Proteção:
"Arcanjo Metatron, protetor dos reinos celestiais, peço que envolvas a mim e aos meus entes queridos com tua luz protetora. Guarda-nos contra todo mal e guia-nos em nosso caminho com segurança e paz."
Oração por Sabedoria e Orientação:
"Ó Metatron, arcanjo da sabedoria divina, ilumina minha mente com teu conhecimento celestial. Ajuda-me

a ver com clareza e a tomar decisões que reflitam a verdadeira luz do entendimento e do amor."

Oração Matinal para Começar o Dia:

"Querido Metatron, ao iniciar este dia, coloco-me sob tua orientação espiritual. Que cada passo que eu der seja firmado na tua presença, e que cada decisão que eu tomar seja inspirada pela tua sabedoria celestial."

Oração Noturna para Agradecimento e Paz:

"Ao encerrar este dia, agradeço-te, Metatron, pela tua companhia e proteção. Permite que eu descanse em paz sob tua vigilância, recarregando meu espírito para o amanhecer que se aproxima."

Estas orações podem ser recitadas diariamente ou em momentos específicos de necessidade. Elas são projetadas para fortalecer sua conexão com Metatron, assegurando sua presença constante e benéfica em sua vida.

Os rituais são cerimônias que utilizam elementos físicos e espirituais para criar um ambiente propício à comunicação com o divino. Este segmento oferece rituais detalhados que podem ajudar a estabelecer uma conexão mais profunda com Metatron, facilitando um diálogo espiritual enriquecedor.

1. Ritual de Limpeza e Proteção Espiritual:

Objetivo: Este ritual visa limpar o ambiente e o praticante de influências negativas, criando um espaço sagrado para comunicação com Metatron.

Materiais Necessários: Sal grosso, água benta, sálvia branca ou palo santo, vela branca.

Procedimento:

Comece limpando fisicamente o local de prática.

Espalhe sal grosso nos cantos da sala para purificar e proteger o espaço.

Acenda a sálvia ou palo santo e percorra o ambiente com a fumaça, enfocando a purificação e proteção.

Use a água benta para fazer uma aspersão em forma de cruz em cada canto e na entrada do espaço.

Acenda a vela branca no centro do ambiente, dedicando-a a Metatron como um símbolo de luz divina.

2. Ritual de Comunicação Direta com Metatron:

Objetivo: Facilitar uma comunicação clara e direta com Metatron, buscando orientação ou resposta para questões específicas.

Materiais Necessários: Papel, caneta, duas velas brancas, incenso de mirra ou frankincense.

Procedimento:

Prepare seu espaço de ritual, assegurando que esteja limpo e tranquilo.

Acenda as velas e o incenso para criar um ambiente meditativo.

Escreva no papel a questão ou pedido específico para Metatron.

Medite por alguns minutos, focando na sua intenção e na presença de Metatron.

Queime o papel na chama de uma das velas, visualizando sua mensagem sendo levada diretamente a Metatron.

Agradeça a Metatron pela orientação e encerre o ritual apagando as velas e recolhendo os materiais usados.

3. Ritual de Agradecimento e Fechamento:
Objetivo: Agradecer a Metatron pela comunicação e manter a porta aberta para futuras interações.

Materiais Necessários: Cristais de quartzo, uma vela azul, flores brancas.

Procedimento:

Posicione os cristais e as flores ao redor da vela azul.

Acenda a vela e expresse verbalmente seu agradecimento a Metatron pelas mensagens e proteção recebidas.

Ofereça as flores como um símbolo de gratidão e respeito.

Mantenha os cristais em um lugar visível como um lembrete da presença contínua de Metatron em sua vida.

Esses rituais não só reforçam a sua conexão com Metatron como também enriquecem sua prática espiritual, proporcionando momentos de introspecção e comunicação divina. Eles podem ser adaptados e repetidos conforme necessário, cada um contribuindo para uma relação mais profunda e significativa com o arcanjo.

Celebrações e festivais são momentos poderosos para a comunidade se reunir e honrar as forças espirituais. Este segmento destaca como organizar e participar de eventos dedicados a Metatron, ajudando a fortalecer os laços comunitários e aprofundar a conexão espiritual.

1. Planejamento de Celebrações em Honra a Metatron:
Seleção da Data: Escolha datas que tenham significado espiritual, como solstícios ou equinócios, que são tradicionalmente tempos de mudança e renovação.
Tema da Celebração: Defina um tema que ressoe com os atributos de Metatron, como "Sabedoria Divina" ou "Proteção Celestial".

2. Organização do Evento:
Local: Escolha um local que ofereça um ambiente tranquilo e acolhedor, preferencialmente ao ar livre, permitindo que os participantes se sintam mais próximos da natureza e dos elementos.
Decoração: Use símbolos associados a Metatron, como o Cubo de Metatron ou a Flor da Vida, em banners e decorações. Inclua cores como branco e azul-claro, que simbolizam a pureza e a espiritualidade.
Atividades: Planeje atividades que promovam a meditação, orações coletivas, cantos e danças sagradas, criando uma experiência imersiva e espiritual.

3. Rituais Comunitários:
Cerimônia de Abertura: Inicie o festival com uma cerimônia de abertura que inclua a limpeza do espaço

com sálvia ou palo santo e uma invocação coletiva a Metatron.

Meditação Guiada: Conduza uma meditação guiada que permita aos participantes visualizar e se conectar com Metatron, pedindo sua orientação e bênçãos.

Ofertas e Agradecimentos: Encoraje os participantes a trazer ofertas, como flores ou cristais, que podem ser colocados em um altar temporário. Conclua com uma cerimônia de agradecimento, reconhecendo a presença e a assistência de Metatron.

4. Integração Comunitária e Partilha:

Círculo de Partilha: Após os rituais, forme um círculo de partilha onde os participantes possam contar suas experiências e insights recebidos durante o evento.

Alimentação Compartilhada: Organize um momento de confraternização com alimentos leves e saudáveis, promovendo a comunhão e a troca entre os participantes.

Celebrar Metatron através de festivais não apenas fortalece a conexão individual com o divino, mas também constrói uma comunidade espiritualmente engajada. Estes eventos servem como lembretes poderosos do apoio e da orientação contínua de Metatron, e de como a espiritualidade pode ser vivida coletivamente.

Incorporar Metatron em sua rotina diária é uma forma poderosa de manter uma conexão constante e receber orientação contínua. Este segmento oferece práticas simples, mas eficazes que podem ser integradas no cotidiano para fortalecer sua relação com este arcanjo.

1\. Manhãs com Metatron:

Meditação Matinal: Dedique alguns minutos todas as manhãs para meditar na presença de Metatron. Visualize sua luz envolvendo você e guiando suas ações ao longo do dia.

Oração de Intenção: Faça uma oração matinal pedindo a Metatron que guie suas decisões e ilumine seu caminho com sabedoria e compreensão.

2\. Momentos de Reflexão ao Longo do Dia:

Pausas para Respiração: Em momentos de estresse ou decisão, faça pausas curtas para respirar profundamente e invocar Metatron. Peça clareza e serenidade para enfrentar os desafios.

Anotações e Insights: Mantenha um diário espiritual onde você pode anotar quaisquer insights ou mensagens que sentir que estão sendo comunicadas por Metatron ao longo do dia.

3\. Noites com Metatron:

Revisão Noturna: Antes de dormir, revise o dia e reflita sobre como a presença de Metatron pode ter influenciado diferentes situações. Agradeça por sua orientação e proteção.

Oração Noturna: Termine o dia com uma oração agradecendo a Metatron por sua companhia e pedindo uma noite de descanso pacífico e restaurador.

4. Criação de um Altar Pessoal de Metatron:
Montagem do Altar: Em um canto tranquilo de sua casa, monte um altar dedicado a Metatron. Inclua imagens ou símbolos que representem o arcanjo, como o Cubo de Metatron ou a Flor da Vida.
Manutenção Regular: Cuide do altar regularmente, limpando-o e rearranjando os itens conforme necessário para manter a energia fresca e vibrante.

5. Participação em Comunidades Espirituais:
Grupos de Estudo e Meditação: Junte-se a grupos locais ou online que focam no estudo dos arcanjos, ou especificamente em Metatron. Compartilhar experiências pode enriquecer sua prática pessoal.
Eventos e Cerimônias: Participe de eventos ou cerimônias que celebrem Metatron. Essas ocasiões são oportunidades para se conectar com outros devotos e aprofundar sua compreensão espiritual.
As práticas diárias com Metatron ajudam a criar uma estrutura espiritual em sua vida, trazendo clareza, proteção e orientação. Essas práticas não apenas enriquecem sua jornada espiritual, mas também proporcionam conforto e apoio contínuos, tornando cada dia mais intencional e significativo.
Compartilhar sua experiência e conhecimento sobre Metatron não apenas ajuda a espalhar sua veneração, mas também fortalece sua própria conexão espiritual ao ensinar e aprender com outros. Este segmento oferece diretrizes sobre como educar e inspirar outros a se conectarem com Metatron.

1. Organizando Grupos de Estudo e Discussão:
Formação de Grupos: Crie ou participe de grupos de estudo que focam em anjos e arcanjos, com um destaque especial para Metatron. Estes grupos podem se reunir regularmente para discutir textos, compartilhar experiências e meditar juntos.
Temas de Discussão: Inclua temas como a história de Metatron, sua representação em diferentes tradições espirituais, e técnicas para comunicação com ele.

2. Conduzindo Workshops ou Seminários:
Planejamento de Eventos: Organize workshops ou seminários que se concentrem em Metatron, ensinando técnicas de meditação, oração e outros rituais de comunicação.
Materiais Didáticos: Desenvolva materiais didáticos, como folhetos ou apresentações digitais, que resumam os principais pontos sobre Metatron e forneçam instruções práticas.

3. Criando Conteúdo Online:
Blogs e Artigos: Escreva blogs ou artigos detalhados sobre suas experiências com Metatron, explorando diferentes aspectos de sua influência espiritual.
Vídeos e Podcasts: Produza vídeos ou podcasts que possam alcançar uma audiência mais ampla, discutindo tópicos relacionados a Metatron e compartilhando meditações guiadas ou leituras inspiradoras.

4. Participação em Feiras e Eventos Espirituais:
Feiras de Espiritualidade: Participe de feiras e eventos espirituais como expositor, oferecendo informações e materiais sobre Metatron.
Palestras Públicas: Aproveite essas oportunidades para dar palestras ou conduzir cerimônias que introduzam Metatron a novos públicos, explicando seu papel e como invocá-lo.

5. Criação de uma Comunidade de Suporte:
Redes Sociais: Utilize redes sociais para criar uma comunidade online onde pessoas interessadas em Metatron possam se conectar, compartilhar experiências e oferecer suporte mútuo.
Encontros Regulares: Organize encontros regulares, físicos ou virtuais, para fortalecer a comunidade e permitir que os membros compartilhem suas jornadas espirituais e crescimento pessoal.
Compartilhar o conhecimento e a veneração de Metatron não apenas amplia a compreensão e a devoção a este arcanjo poderoso, mas também enriquece sua própria experiência espiritual. Ao educar outros, você reafirma seu compromisso com o caminho espiritual e ajuda a formar uma rede de indivíduos iluminados e apoiadores.

Epílogo

Ao concluir esta jornada pelas páginas de "O Livro de Metatron", gostaria de expressar minha profunda gratidão a todos vocês que mergulharam nesta narrativa inspiradora. Foi uma honra compartilhar esta busca pela sabedoria divina e revelar os mistérios do arcanjo Metatron, o intermediário celestial que nos conecta ao Criador.

Meu sincero agradecimento vai a cada leitor que, com coração aberto, permitiu-se ser tocado pelas palavras, histórias e ensinamentos aqui presentes. Que este livro tenha proporcionado novas perspectivas, iluminação e um profundo senso de paz e propósito.

Agradeço também a todas as almas dedicadas que, com sua busca incessante pelo conhecimento e pelo entendimento espiritual, mantêm viva a chama da fé e inspiram outros a encontrar sua própria jornada espiritual. Vocês são a essência deste livro.

A todos os estudiosos, místicos e buscadores que contribuíram para a compreensão de Metatron ao longo dos séculos, minha gratidão é eterna. Suas descobertas, visões e revelações nos trouxeram mais perto das verdades divinas, e sem seus esforços, esta obra não teria sido possível.

Por fim, agradeço a Metatron, o arcanjo que habita entre nós como um farol de luz e sabedoria. Que suas bênçãos continuem a nos guiar, e que sua presença celestial inspire nossas vidas, levando-nos a um entendimento mais profundo de nosso propósito e da luz divina que reside em todos nós.

Que cada um de vocês continue a encontrar orientação, proteção e cura em sua jornada espiritual. Que as bênçãos de Metatron estejam sempre com vocês, e que sua sabedoria ilumine seus corações e mentes.

Gratidão infinita e bênçãos luminosas.

Referências Bibliográficas

Abrahams, D. "Metatron: A Divine Journey". Jerusalem: Celestial Publishing, 2010.

Ben-Yehuda, E. "The Mysteries of Enoch and the Archangel". Tel Aviv: Wisdom Traditions Press, 2008.

Cohen, H. "Kether and Beyond: Exploring the Role of Metatron". New York: Sacred Knowledge Publications, 2012.

Davies, R. "The Celestial Scribe: Metatron's Divine Record-Keeping". London: Arcane Texts Limited, 2011.

Elias, M. "Metatron and the Heavenly Realms: An Esoteric Study". San Francisco: Light Bearer Books, 2015.

Friedman, S. "The Divine Mediator: Metatron's Influence in Ancient Texts". Chicago: Enlightenment Press, 2013.

Goldberg, R. "Ascending the Tree of Life: Metatron and the Kabbalistic Path". Boston: Eternal Flame Publications, 2009.

Hadassah, L. "The Eternal Guide: Metatron and the Spiritual Journey". Paris: Spiritual Pathways Editions, 2016.

Jacobs, I. "Intermediary of the Heavens: Metatron and the Mystical Traditions". Rome: Sacred Scrolls Press, 2014.

Kaufman, J. "Guardians of Knowledge: The Role of Archangel Metatron". Berlin: Mystical Insights Press, 2012.

Levi, Z. "The Book of Enoch Revisited: Metatron's Transformation". Sydney: Divine Wisdom Publications, 2011.

Miller, P. "Metatron Unveiled: Secrets of the Celestial Scribe". Toronto: Angelic Insights Media, 2010.

Naftali, T. "A Bridge Between Worlds: Metatron and the Divine Covenant". Amsterdam: Unity Press, 2017.

Orlov, A. "Beyond the Veil: Metatron's Sacred Duties". Moscow: Cosmic Understanding Publishing, 2015.

Perez, G. "Voices of the Divine: The Role of Metatron as God's Messenger". Madrid: Eternal Messages Editions, 2014.

Quintero, M. "Celestial Wisdom: Metatron's Teachings on the Universe". Buenos Aires: Sacred Harmony Publications, 2016.

Rosenberg, S. "Metatron and the Healing Path: A Guide to Spiritual Transformation". Cape Town: Healing Light Press, 2013.

Silverstein, E. "The Archangel Metatron: Myths, Miracles, and Mysteries". Vienna: Celestial Chronicles Publishing, 2011.

Tanaka, H. "The Heavenly Guardian: Metatron's Role in Esoteric Traditions". Tokyo: Infinite Wisdom Publications, 2017.

www.ingramcontent.com/pod-product-compliance
Lightning Source LLC
LaVergne TN
LVHW040057080526
838202LV00045B/3686